中青年经济学家文库

中国新型农民专业合作社财税支持政策研究

李冬梅 著

中国财经出版传媒集团

经济科学出版社
Economic Science Press

图书在版编目（CIP）数据

中国新型农民专业合作社财税支持政策研究/
李冬梅著 . —北京：经济科学出版社，2017.6
（中青年经济学家文库）
ISBN 978 - 7 - 5141 - 8208 - 8

Ⅰ.①中… Ⅱ.①李… Ⅲ.①农业合作社 - 专业合作
社 - 财政政策 - 研究 - 中国 Ⅳ.①F321.42

中国版本图书馆 CIP 数据核字（2017）第 163846 号

责任编辑：李 雪 李 建
责任校对：刘 昕
责任印制：邱 天

中国新型农民专业合作社财税支持政策研究
李冬梅 著
经济科学出版社出版、发行 新华书店经销
社址：北京市海淀区阜成路甲 28 号 邮编：100142
总编部电话：010 - 88191217 发行部电话：010 - 88191522
网址：www. esp. com. cn
电子邮件：esp@ esp. com. cn
天猫网店：经济科学出版社旗舰店
网址：http：//jjkxcbs. tmall. com
固安华明印业有限公司印装
880 × 1230 32 开 6 印张 130000 字
2017 年 8 月第 1 版 2017 年 8 月第 1 次印刷
ISBN 978 - 7 - 5141 - 8208 - 8 定价：30.00 元
（图书出现印装问题，本社负责调换。电话：010 - 88191510）
（版权所有 侵权必究 举报电话：010 - 88191586
电子邮箱：dbts@ esp. com. cn）

前　言

　　中国农村家庭承包经营制度的确立，为微观经济主体提供了有效的激励机制，成为促进农民收入增长和农业进步的重要因素之一。但是，家庭联产承包责任制也形成了我国农村单个农户小规模生产经营的格局，在一定程度上造成了农户生产经营过度分散化和非组织化问题。随着农村经济体制改革的深化和生产力的发展，双层经营体制的局限性逐渐暴露，农村市场关系与生产力出现了两大主要矛盾：农户小生产与外部大市场之间的矛盾以及农户小规模经营与农业现代化的矛盾。在此背景下，农民专业合作经济组织作为连接农户与市场的一种组织形式应运而生，并对有序引导农民和市场接轨起到了积极作用。然而，作为弱势群体的农民在获取、占有和利用资金、技术、信息、制度等资源时的"先天不足"，使得农民专业合作经济组织在通过自身努力，通过成员间的互助合作提高弱势群体的组织化程度，改善其社会、经济地位的同时，更需要政府的理解、关注、保护和扶持。作为政府的重要政策工具，财税政策的扶持构成农民专业合作经济组织能否健康、快速、规范化发展的重要外部环境。

纵观世界各国农民专业合作经济组织的发展历程，政府财税政策的扶持都扮演着极为重要的角色，然而，这种扶持的理论依据是什么？从经济效率和社会公平的角度如何认识这种扶持的积极作用？联系到中国的实际，政府在农民专业合作经济组织发展过程中采取了什么样的财税扶持政策，取得了怎样的成效？存在哪些不足，又应当如何加以改进？这些都是本书关注并着重探讨的主要内容。

目　　录

第一章

与本书研究内容相关的
文献综述

第一节
国外相关研究文献综述

国外对于对相关问题的研究主要集中在两个大方面：对农民合作社（或称合作经济组织）本身的研究和对国家与农民合作社（或称合作经济组织）关系的研究，尽管这两方面研究并没有划分明显的边界，但是严格来说还是存在一定的差异。因此，本书也从这两个方面分别加以阐述。

一、对合作社本身的研究

作为社会科学中的一个理论分支，国外对合作社（或称合作经济组织）的研究形成于 19 世纪上半叶，但是相关问题仅限于研究领域，并未在实际政策中得到广泛应用。直到 20 世纪 20~30 年代，美国发生农业危机并波及全球，西方各国政府才把支持农民专业合作社（或称合作经济组织）的发展作为一项反危机的应对措施加以采纳。在这种背景下，合作社（或称合作经济组织）的发展与演进逐步成为西方经济学理论的一项重要内容，得到越来越多的关注和研究。一般认为，关于农民专业合作社（或称合作经济组织）的正式经济学研究开始于 20 世纪 40 年代，代表成果是安麦力诺夫（Emelianoff，1942）出版著作《合作经济理论》。在这部著作中，他首先把合作社看作是一种垂直一体化的组织形式，认为合作社是一个包括众多经济单位的集合，并且建立了一个综合分析框架，分析合作社成员与合作社之间的关系，使合作经济开始作为社会科学中一门独立的学科出现，并推动了农业合作经济理论的发展。[1]

一般认为，20 世纪 40~70 年代是合作社理论发展的第一个阶段，也可认为是应用新古典经济学理论来进行农民专业合作经济组织研究的阶段。40 年代，西方合作社（或称合作经济组织）理论雏形初现，这一理论旨在解决合作社的定义、目标及组织决策过程等实务操作中遇到的问题；50 年代，合作社的运行机制与决策方式成为研究热点；60 年代，相关理论的研究重点转向合作社的产权结构与治理方案；70 年代，如何实现合作社内外部效用最大化问题开始受到关注。总体来说，在 40～70 年代，经济学家主要从三个视角来考察合作社：①从作为纵向一体化的一种经济组织形式视角考察；②将合作社作为一个独立的厂商加以考察；③将合作社看作通过集体或联合行动联结起来的厂商之间的联合加以考察（Staatz, 1989）。[2] 无疑，这一阶段的研究，为农民专业合作社的深入进行打下了坚实的理论基础。

　　第二阶段为 20 世纪 80 年代至今，是以新制度经济学为主的大量新理论、新方法（如交易费用论、产权理论、委托代理理论、博弈论等）不断涌现并进入合作经济理论领域的阶段。在此阶段，有关农民专业合作社的理论研究可分为三个主流：①对"合作社是厂商"观点的扩展；②认为合作社是一种"联合"形式；③将合作社看作是一种"合约集"（Cook, 2004）。[3] 近年来对于农民专业合作社的代表性研究包括：

　　阿尔贝克和舒尔茨（Alback and Schultz, 1998）运用标准的产业组织理论来发展库诺特（Cournot）双寡头垄断市场上合作社和 IOF（投资者导向的企业）之间的竞争模型，分析得出的结论是，在双方的竞争中，合作社将占有很高的市场份额，并将投资者所有的企业赶出市场。[4]卡罗缇尼尼斯和扎戈（Karantininis and Zago，2001）建立了一个博弈理论模型，以研究内生性成员资格合作异质性对于成员和合作社的影响，进而得到了双寡头垄断背景下，农民将会加入合作社的条件、合作社的最佳成员规模，以及成员异质性对最佳成员规模影响的结论。[5]

作为匈牙利社会主义工人党中央政治局委员，匈牙利农业生产合作社全国理事会主席，绍博·伊斯特万（István Szabó）以匈牙利的农业合作社的实践为例，利用交易成本理论分析了营销合作社在农业纵向一体化中的优势和劣势，认为只有在合作社具有优势的领域才会出现合作社。比杰曼和亨杰克斯（Bijman and Hendrikse，2003）以荷兰的水果和蔬菜业的变化为例，分析了荷兰众多的拍卖合作社适应环境变化重新组合为更大的营销合作社的过程，认为建立反市场垄断的力量仍然是农民组建合作社最重要的原因。[6]巴顿（Barton，2004）发表论文指出，在美国，约48000个合作社为1亿人服务，业务量超过1250亿美元，其中，农业有最大的业务量，每年在200万农场主之间产生100亿美元总收入。[7]

傅安恒和查添木（AchimFock and Tim Zachernuk，2007）

报道并分析了中国农民专业合作经济组织发展历史、性质、农业现代化、合作社法律及政府支持政策等相关情况，并调研了解到中国农民专业合作社的地位及存在的问题，从国家立法、金融、税收、政府支持、创造市场经济环境等方面提出促进合作社发展的政策建议。[8]

萨姆森·欧·贡加（Samson O. Gunga，2008）通过分析判定，肯尼亚合作社理事会日常决策是建立在当地社会文化和经济优势背景之上的，认为合作社能够将不同经济和社会地位的村民联合起来，通过引进 ICT 技术，使信息交流更加顺畅、资金更充足。充分肯定了合作社可以通过教育培训等多种途径，改善社员的经济和社会地位，提高合作社社员生活水平。[9]

阿曼多·科斯·塔品托（Armando Costa Pinto，2009）从农村发展和减少贫困的角度，分析了贫困地区及贫困地区合作社发展的状况，通过贫困地区合作社发展的典型案例，得到合作社在发展贫困地区经济、提高农民收入和财富分配公平方面起到重要作用。[10]

郑石、王志刚和缇托斯·欧·艾沃库斯（Shi Zheng, Zhigang Wang, Titus O. Awokuse，2012）认为农民合作社对农业生产力的发展具有重要意义，可以为农民提供更好的经济福利。然而，这样的组织尚未在中国得到充分的发展。他们采用从中国吉林省农户调查所得到的系列数据集进行 Logit 模型实证分析，发现教育程度、风险程度、运营成本、地理位置和作物种类等因素都对农民合作社参与行为有显著影响。[11]

戴格莱特和迈克比伯·高·海耶儿（Degnet Abebaw and Mekbib G. Haile，2013）使用横断面数据和倾向得分匹配技术，调查了埃塞俄比亚合作社对农业技术采用的影响。从合作社成员性别、地理位置和户主的年龄等方面研究其对化肥使用的不同影响。结果表明，合作社可以在加快小农采用农业技术方面发挥重要作用。[12]

马王林和阿武度·阿博杜来（Wanglin Ma and Awudu Abdulai，2016）使用来自中国农民调查的横截面数据，研究了合作社成员对农业绩效指标的影响，考虑选择偏差的内生切换回归模型用于分析。实证结果表明，合作社对苹果产量，农场净收益和家庭收入产生了积极的和统计上显著的影响。分类分析还显示，小型农场往往比中型和大型农场更多地受益于合作社。[13]

二、对国家与农业合作社（或称合作经济组织）关系的研究

20世纪90年代以来，西方理论界对合作社的研究重点转向讨论合作社与政府之间的关系。这一时期，新制度经济学与

产权理论等成为进行这方面研究的重要工具，并且出现了"新一代合作社"的理论。

日本学者青木昌彦（1998）研究提出了"市场增进"论，认为政府在合作社发展中的作用在于补充、培育民间部门的协调机制，而不是替代民间部门。但是在界定政府部门的经济参与程度时，也要考虑当地具体的经济发展程度。这些争论在近些年形成的效果是：政府对合作经济组织给予保护、支持的观点基本被认可，各国政府开始加强对合作社的宏观调控。[14]

威尔马·饶杰斯·摩瑞尔（Vilmar Rodrigues Moreira，2011）对采用市场风险管理的巴西合作社做法进行评估，分析风险收益与农业生产研究的投资组合关系。认为合作社的战略重点应该在于通过马科维茨模型、问卷调查和访谈的方式发现影响生产决策的主要因素，而涉及政治因素或合作社的内在组织特征等具体问题，尽管要面对多样化市场风险，也不会对巴西政府管理背景下的生产合作组织产生决定性影响。[15]

印度学者P. 杜伯哈什（2000）提出了合作社与国家的"伙伴关系"学说。认为合作社为实现自助目标，必须寻求外界帮助，而外界的帮助只有来源于国家，他指出"国家与合作社之间是伙伴关系"。在他的理论中，将国家对合作社的态度区分为常规态度和积极态度。前者指国家只对合作社给予法律上的认可，保护社员的合法权益，政府的功能只限于对合作社的注册、仲裁及调查领域。后者指除了上述功能之外，政府对于合作社还承担促进、推广、监督、审计、培训及教育的职能。与之研究视角类似的还有加拿大学者保罗·卡斯尔曼（Paul Casselman，2003），他总结了国家对待合作社的四种态度：对立，国家不认可合作社的存在，甚至加以歧视；无差别，国家将合作社与其他企业形式一样看待；过度热情，国家在帮助合作社方面走得太远，以致达到控制及包办合作社事务的程度；恰如其分，政府不仅理解合作社存在的经济意义而且也理解合作运动的社会意义及长期效应。并提出了合作社达到自助或自立，从长远看对政府有利的观点，都从不同层面对政府、国家和合作社的关系进行了解读。这些观点对本书的研究起到了很好的引导作用。

第二节

国内相关研究文献综述

一、国内研究阶段综述

农民专业合作社一直是我国农业经济学界的重要研究对象。然而直到 20 世纪 90 年代后期，这一农民合作经济组织形式才普遍进入社会科学的研究视野。改革开放以来关于这一组织形式的研究大体分为三个阶段：

第一阶段是 20 世纪 80～90 年代，这时的农民专业合作经济组织主要"是指经济体制改革以来农村涌现出的不同程度上具有合作性质的几类经济组织，即农村社区合作组织、农村合作基金会、农村股份合作企业和农村专业协会。这些合作组织已经构成中国农村微观组织的重要基础，在农村经济领域发挥日益重要的作用"（"中国农民专业合作经济组织经济行为研究"课题组，1997）。

第二阶段是 20 世纪 90 年代后期，随着我国农业产业化经营的迅速发展，农民专业合作经济组织开始普遍进入社会科学的研究视野。在此阶段，除了继续关注农村社区合作组织和农村股份合作企业之外，越来越多的学者着力论证发展我国农民专业合作经济组织的必要性、重要性和迫切性，同时积极讨论我国农民专业合作经济组织的发展思路，也即是以发展社区型组织，还是专业型组织，或是同时发展，"分而治之"。

第三阶段是进入 21 世纪以来的近几年，人们开始将注意力转移到研究农民专业合作经济组织的发展现状、制度特征和运作机制等方面。

二、近年来国内对于农民合作经济组织的相关研究

1. 有关发展农民专业合作经济组织必然性的研究

黄祖辉（2000）从理论上说明了农民合作的必然性和普遍性在于农业生产的自然性、分散性和分散经营的家庭特性，描述了农民合作的新的变革态势，进而提出在农业家庭经营的基础上，引导和推动农民的合作，尽快建立农业家庭经营制度与农民合作制度相融合的农业制度与组织体系，已是我国农业与农村发展的关键。[16]

张晓山（2003）指出，在产业化经营中发展农民专业合作经济组织同时具有其经济和社会的合理性，这些合理性包括：①降低、减少农民进入市场的交易行为和获取规模收益；②提供服务；③增加收入。所以应深化农民层面的改革，尤其是要加速农村的组织创新，提高农民进入市场的组织化程度，使千千万万的农民以较低的成本进入市场，成为市场经济的主体，这将是农业产业化经营的一个不可缺少的重要组成部分。[17]

赵慧峰（2007）从发育条件上指出了发展重建农民专业合作社的必然性，他认为：社会主义市场经济体制为农民专业合作社的产生奠定了制度基础，使农产品市场逐步迈进完全竞争

市场与世界接轨；农民成为真正的市场主体为农民专业合作社的产生奠定了社会基础，因家庭承包责任制的实行而产生的经纪人与专业大户具备了带领农民走入市场的潜能，为合作社的诞生创造了条件；农业生产专业化和市场化为农民专业合作社的产生奠定了经济基础；小农户与大市场的尖锐矛盾激发了农民合作的需求；农产品的市场特性为农民专业合作社的产生奠定了产业基础。[18]

鲁明瑜（2008）认为农民专业合作社的存在是必要的，这些必要性具体表现在：①能够提高农民组织化程度及抵御风险的能力；②能够保护农民利益，增加农民收入；③能够传达民意，成为农户与政府沟通的桥梁；④能够促进当地农业结构的调整和产业化的发展。[19]

万秀丽（2010）指出，为实现中国特色农业现代化的各项目标，发展农民专业合作经济组织是必然的，这是因为：①农民专业合作经济组织有助于将分散经营的农户集中以实现农业生产的专业化与规模化，从而促进农业产业化的发展；②农民专业合作经济组织有助于将"公司＋农户"的产业化经营模式进化为更合理的"公司＋农户＋行业协会＋合作社"经营模式；③农民专业合作经济组织的构建有助于提高农民办厂加工农产品的积极性，在提高农民收入的基础上带动农村工业化；④农民专业合作经济组织将成为农业市场化的重要参与主体，有助于解决"小农户"与"大市场"之间的冲突；⑤农业科技化与农业发展方式转变的要求都使得发展农民专业合作经济组织成为必然。[20]

2. 有关发展农民专业合作经济组织基本思路的探索

夏英和牛若峰（1999）提出，"重基层和农民群众的自主选择，从当地实际和不同特点出发，创造性地寻求合作经济组织的最佳发展道路，形成自己的发展模式，是今后较长时期内我国农民专业合作经济组织发展的基本思路，应该在现有条件下发挥农民专业合作经济组织的各项功能。"[21]

孙文军和秦峰奎（2002）指出：农民专业合作经济组织的发展需要明确的指导思想，应该做到以市场需求为导向、以家庭承包经营为基础、以提高农民收入为目的，积极学习、借鉴成功的发展经验，以便扶持农民专业合作经济组织的发展，规范其运营模式。[22]

王军锋（2006）认为发展农民专业合作经济组织要将政府支持、能人领导与农民参与三者协调起来，同时表示坚决反对某些地方政府全面退出城市经济与工业经济却过度干预农业经济发展的行为。[23]

赵婉好（2007）认为促进农民专业合作经济组织健康发展所要坚持的基本思路是"政府支持＋能人领办＋群众参与"，

其基本要点包括：①各级政府要把扶持农民专业合作经济组织的发展提上日程，作为一项需要重点开展的工作对待；②热心于农民专业合作事业的村委领导、专业人士要积极投身于农民专业合作经济组织的建设与发展中，提供技术支持；③农民专业合作经济组织的构建与发展离不开广大农民群众，必须始终坚持农民群众当家作主的地位，遵循农民自愿原则并尊重其决定。[24]

孙亚范（2008）提出农民合作经济组织是由全体社员民主管理、控制分利的社会团体和特殊企业，在发展的过程中要以为社员服务、增进社员利益为宗旨，兼顾公平与效率。[25]

王阳（2009）指出我国农民专业合作经济组织在发展中应坚持以家庭经营为基础，保持个体理性与集体理性相统一，遵循"民办、民管、民受益"的原则，借鉴经验、规范发展，做到因地制宜、循序渐进，加大政府培育与扶持。[26]

苏昕等（2012）归纳总结前人研究成果，力图为农民专业合作经济组织未来的发展方向理清思路。他们认为在经济全球化的发展背景下需要不断提高我国农民专业合作经济组织的竞争力，必须从产业化、组织化、信息化三个方面着手同时进行。[27]

3. 对农民专业合作经济组织发展状况的调查研究

黄祖辉等（2002）通过对浙江省农民专业合作经济组织发

展现状的分析，从理论上提出了影响农民专业合作经济组织发展的因素大致可归结为：产品特性因素、生产集群因素、合作成员因素和制度环境因素，并结合实际探讨了我国农民专业合作经济组织发展的制度环境。这实际上提出了一个分析农民专业合作经济组织制度变迁的分析框架。[28]

郭红东和蒋文华（2004）[29]、石敏俊和金少胜（2004）[30]则通过 Logit 模型对影响农户参与专业合作经济组织的意愿和行为进行了实证研究。他们的研究表明农户参与合作经济组织的行为受到农户的生产经营状况（如兼业与商品化程度）、文化程度、对合作社制度的认知程度、政府支持等多方面的影响。

孙浩杰（2008）将当时各省市农民专业合作经济组织发展状况与 2004 年全国人大农业与农村委员会课题组调研的全国发展情况进行比较分析，发现数量上增长明显，发展程度和层次上有所提高；产业分布方面，产业集中度有所提升，但是仍局限于商品化程度较高的种植类、养殖类产业；活动区域上主要集中于乡镇范围，影响辐射力有限；服务内容上仅提供技术、信息服务的农民专业合作经济组织比例下降、提供产加销综合服务的农民专业合作经济组织比例上升，合作组织服务水平进一步提升；组建方式上由农民自发组织建立合作组织的比例提高。[31]

黄季焜等（2010）使用来自中国7个省份760个村庄142个农产品专业合作经济组织的大样本随机调查数据进行实证研究发现：农民专业合作经济组织的创建方式、潜在收益对其服务功能的发挥有显著影响，人力资本和市场条件对农民专业合作经济组织的发展也有一定影响。[32]

徐志刚等（2011）基于来自中国7个省份758个村庄的实地调研数据，通过计量分析软件实证研究了社会信任对农民专业合作经济组织产生、存续和发展的影响。得出信任程度较高的农民专业合作经济组织能够更好地存续与发展的结论。[33]

李剑（2013）对上高、信丰等50多个县的150多个村镇进行入户调查，后经实证研究得出四点结论：①农户所处的政策环境对农民加入农民专业合作经济组织的意愿有较大影响；②农产品的销售方式与途径对农民加入农民专业合作经济组织的意愿有较大影响；③农民对农民专业合作经济组织的了解程度越高加入意愿越强；④农户户主的基本特征、家庭经营规模和是否外出务工对农民加入农民专业合作经济组织的意愿影响不大。[34]

4. 有关农民专业合作经济组织的制度经济学分析

张晓山（1998[35]，1999[36]）结合对国际合作运动的基本原则的阐述，讨论了民主管理的问题、资本报酬问题和公共积累问题。他提出，在发展我国农民专业合作经济组织时，一要遵循国际合作运动的基本原则，二要符合中国农民的实际情况，三要满足农民社员的要求。

林坚和王宁（2002）讨论了合作社组织的思想宗旨及制度安排，指出合作社具有社会公平和经济效率的双重目标，然而，公平与效率具有与生俱来的矛盾，决定了在实际操作中，合作社在思想宗旨与其内部制度安排之间不可避免地会产生矛盾。这种矛盾性根源于合作社既是一种人为社会思潮，又是一种企业组织形式。[37]

应瑞瑶（2004）通过比较分析发现随着社会的发展、时代的变迁，合作社的原则在发生一系列的变化：①合作社进退自由转向成员资格不开放；②绝对的"一人一票"转向认可差别发展；③公共财富积累不可分割转向产权明晰化；④资本报酬率严格限制向外来资本实行按股分红方向发展；⑤合作社的管理人员由社员转变为拥有专业知识的职业经理人。[38]

王玉华（2006）指出农民专业合作经济组织的发展不能仅仅寄希望于政府的扶持，重点还是要加强农民专业合作经济组织的自身建设，要大力完善管理制度，建立健全组织机构和规章制度。[39]

葛文光（2008）基于经济学、社会学和管理学基本原理对河北省农民专业合作经济组织的制度建设问题进行探究，提出在河北省农民专业合作经济组织发展中要遵守五大原则：①农民需求为主，政府推动为辅原则；②因地制宜，分类发展原则；③依法发展原则；④不断创新原则；⑤可持续发展原则。[40]

樊红敏（2011）采用田野调查法，对河南省 A 县和 B 市的农民专业合作社制度的演变进行分析，认为新型农民专业合作经济组织出现了内卷化现象，建议一要注重工业化、城镇化与农业现代化重制度变迁中的协调演进，二要从制度层面培育有利于农民专业合作经济组织发展的社会环境。[41]

相对于上述四个方面的研究而言，专门就财税政策支持农民专业合作经济组织发展的研究并不丰富，多数研究包含于以上几个方面的研究成果之中，作为政府相关支持措施提出的。较为集中研究财税支持政策的成果包括马衍伟（2007）首次提出了税收政策支持农民专业合作经济组织的理论基础，在借鉴世界各国税收扶持农民专业合作经济组织的成功经验和透视我国税收政策利弊的基础上，提出：①要科学界定纳税人的法人地位；②成立全国非营利组织监管委员会；③构建适宜我国的农民专业合作经济组织发展的税收法律体系和优惠政策，等等。[42]此外还有财政部财政科学研究所外国财政研究室（2008）[43]、罗鸣令和陈玉琢（2009）[44]较为集中地分析了我国财税政策对农民专业合作经济组织支持的历史，存在的问题，并提出了财税政策支持的建议。

第三节

对国内外研究的简单评述

在对国外文献梳理的过程中不难发现，西方合作经济理论研究早已从寻求其存在合理性解释，走到对合作社组织制度进行深入剖析（产权、代理、交易费用等视角），关注在新的经济社会技术条件下合作社组织制度的应对和调整。而国外对财税政策支持农民专业合作经济组织发展的研究主要从政府与合作社的关系角度顺便提出，从作者查阅的相关资料中鲜有发现单纯从财税政策支持合作社的角度来研究的，大多数对于财税政策与合作社关系的问题具体化于政府的各项优惠扶持政策之中。更为重要的是，尽管国外的合作经济思想对本书的研究有一定的借鉴意义，但是国外的研究是以生产资料私有制为初始条件，是以成熟和发达的市场经济环境为背景的，许多政治社会和经济因素与我国有较大差异，因此，对于国外的相关理论，我们只能批判地吸收和借鉴。

而在对我国相关文献的整理回顾中，可以看出，由于我国新型农民专业合作经济组织尚处于发展阶段，虽然国内的不少研究成果表明理论界对农民专业合作经济组织的研究已经产生了一定的理论和实际意义，但有关研究还存在着明显的缺陷和不足：一是较多的是侧重的政策探讨，相对缺乏理论层面的深入分析和前瞻性的趋势分析；二是分析方法和工具过于简单化，研究成果过于形式化。这也是本书继续研究的动力和背景所在。

第二章

新型农民专业合作社的内涵

第一节

新型农民专业合作社的相关概念

一、合作社

合作是指协同、联合行动，是人们协同、协作劳动的一种行为。在 1985 年版的《现代汉语词典》中对于"合作"是这样定义的：合作是为了一定的目的一起工作或者共同完成某项任务，如分工合作、技术合作等等；在制度经济学理论中，认为合作的产生是由于当事各方为了获得潜在的利益，为了建设交易的成本而采取的行为方式。[45]英文中的"合作"一词来源于拉丁文，原意是联合行动、共同行动，它反映的是人们在日常经济活动中的平等互助关系。

由此可见，合作概念包含了三个要素：即合作主体、潜在的利益以及行为方式。[46]合作是人们或组织为实现同一目标互相帮助、共同行动的一种方式。这就要求合作的前提必须有两个或者两个以上的主体存在，主体之间有着共同的、一致的目的，并且主体之间有联合的愿望。否则，便不会存在任何方式的合作行为、合作形式和合作组织。合作与单干的区别就在于主体的多元性和行为目标的一致性。[47]

对于合作社概念的界定，国际合作社联盟给出了最为权威的定义："合作社是自愿联合的人们，通过其共同拥有和民主管理的企业，满足他们共同的经济、社会和文化需要及理想的自治联合体"。[48]简言之，合作社是社员联合所有、社员民主控制、社员经济参与并受益的企业组织。

对于合作社的定义，孙亚范在《新型农民专业合作社发展研究》一书中这样定义：合作社是劳动者为改善生产条件和生活条件，谋求和维护自身利益，按照自愿、民主、平等、互利等原则建立起来的一种经济组织和社会团体。

综合以上分析，可以得到一个基本结论：从本质上说，合作社是市场经济条件下的个体农民、工人或者其他劳动者为捍卫自己的利益而建立的群众性的经济团体和特殊企业。

二、农民专业合作社

农民专业合作社是一种具有特定内涵的经济组织形式，它不指某一个组织形式，而是指具有相同性质、特定内涵的组织的集合。其行为主体是农民，组织起来的目的必须是为追求经济利益。农民专业合作社既可以是一种特定的制度安排，也可以指一种组织集团。《中华人民共和国农民专业合作社法》规定：农民专业合作社是在家庭承包经营的基础上，为解决小规模的家庭生产与农产品大市场之间的矛盾，由农民自愿组织起来并逐步发展壮大的，主要以统一销售农产品、统一购买生产资料和从事农产品的加工等方式为成员服务，是为农业生产提供产前、产中、产后服务的区别于传统农村集体经济组织的新型合作社。对农民专业合作社的界定，不仅能容纳传统的合作社，更要能包括新型的农民专业合作社；不能仅涵盖为农民生产提供技术、灌溉等服务的合作社，更重要的是必须吸收能引导农民进入市场、提供市场信息和营销服务的流通合作社。

三、新型农民专业合作社

新型农民专业合作社之所以谓之"新"，是相对于我国20

世纪 50 年代建立与发展的传统农民专业合作社而言的。计划经济时期发展合作经济的目的就是在农村实现所有制变革，公有制导向的驱动使得合作经济发展逐渐背离了合作的基本原则。而当下我们所说的中国新型农民专业合作社，则是指在中国现代市场经济条件下，以马克思主义农民合作理论为指导，结合我国的实际情况建立起来的，与传统的农民专业合作社有本质区别的一种合作经济组织。新型农民专业合作社的一个显著特点就是基于农民（户）清晰产权约束，是真正按合作制原则建立和运行的合作经济。这种产权包括入股前的土地（可以是承包的土地）、资金、技术等，也包括入股后组织为社员提供的合法权益。这种在清晰产权约束条件下按照合作制原则建立的合作经济，就能最大限度地体现社员意志，并最终得到社员的衷心拥护。

新型农民专业合作社的服务内容是以其成员为主要服务对象，提供农业生产资料的购买，农产品的销售、加工、运输、贮藏以及与农业生产经营有关的技术、信息等服务。新型农民专业合作社即是指《中华人民共和国农民专业合作社法》所定义的农民专业合作社，它要求入社缴纳股金，属于经济实体；其性质是劳动者自愿联合的组织；实行一人一票制，民主管理，分红受到限制；合作社对内不以盈利为目的，按交易额向社员返还盈利。

第二节

新型农民专业合作社的分类

农民专业合作社有多种分类方式。根据合作社的功能，目前的新型农民专业合作社可分为生产型、采购型、销售型、加工型、技术服务型、综合型等六种基本类型。

根据合作社创办者与政府的关系，目前的新型农民专业合作社可分为自办型、官办型以及官民结合型等三种基本类型。①

根据农民专业合作社创办者的身份，目前的新型农民专业合作社可分为能人牵头型、龙头企业带动型、农服部门兴办型、政府发起型等类型。

根据农民合作的紧密程度，目前的新型农民专业合作社可以分为专业合作社、股份合作社和专业协会三种基本类型，因为这三种类型之间区别标准更加专业，在日常生活中不易为多数人所了解，所以有必要在此进一步加以解释。

（1）专业协会。专业协会包括协会和研究会，是一种比较松散的合作社形式，多数专业协会在民政部门登记，注册为社团组织，目前专业协会约占农民专业合作社总数的85%。其特

---

① 农业部即采用此种分类。

征是农民入会时缴纳会费而不是股金，它不是经济实体，而是农民在技术服务、市场、加工、储运等环节上联合起来建立的一种社团性合作社，不以盈利为目的，利益关系比较松散，主要围绕一种主导产品的发展，为农民提供产前、产中、产后服务。

（2）专业合作社。专业合作社是一种管理比较规范、与社员联系比较紧密的合作社形式，多数在工商管理部门登记为企业法人，约占农民专业合作社总数的10%，目前主要分布在农产品加工企业较多的东部地区。专业合作社的主要特点是劳动者自愿联合在一起，入社时缴纳股金，实行一人一票制，民主管理。其管理比较规范，按照合作社原则运作，实行利润返还、入股分红，是"利益共享，风险共担"的利益共同体。专业合作社与农产品加工企业连接，作为企业的原料生产基地，形成"公司＋专业合作社＋农户"的农业产业化经营模式，实现产、加、销一体化。

（3）股份合作社。股份合作社是股份制与合作制的结合，由企业、农技推广单位、基层供销社等出资作为股东，再吸收少量的社员股金组建成股份合作社。股份合作社多数拥有自己的企业，在工商管理部门登记为企业法人。股份合作社约占农民专业合作社总数的5%。目前，大多数股份合作社是按保护价收购农产品，按月结算，年底按股金分红，少部分股份合作社除按股金分红外，年底按交易量进行利润返还。

从上述分类可以看出，农民专业合作社种类繁多且内部运行模式较为复杂。也正因如此，全国人大常委会也仅就专业合作社做出了立法，金融性、综合性和社区性合作组织都不在此法之列。该法中规定的农民专业合作社是指在农村家庭承包经营基础上，同类农产品的生产经营者或者同类农业生产经营服务的提供者、利用者，自愿联合、民主管理的互助性经济组织。

第三节

新型农民专业合作社与其他组织形式的区别

一、与集体所有制经济组织的区别

鉴于我国特定的经济社会格局和发展路径，对于合作制与集体所有制两种经济形式加以清晰界定，是区别新型农民专业合作社与集体所有制经济组织的基础。

1. 从建立的方式来看

合作社是私有者（主要是小生产者和消费者）根据自身经

济需要自愿联合而成的，其目的在于维护和增进每一个加入其中成员的利益。而集体经济组织是无产阶级夺取政权以后，为了改变生产资料私有制度，建立社会主义生产资料公有制，利用合作制这一途径，有目的地联合农民和城镇小生产者建立起来的。合作社以经济取向为基准，而集体经济则以政治取向为基准。这可以说是两种经济形式本质的区别所在。

2. 从成员对财产的所有权来看

合作社在保留生产资料个人所有权的前提下，实行成员对生产资料的共同占有，并承认个人资产的收益权。而集体所有制经济组织是取消其成员的生产资料个人所有权的前提下实行对生产资料的共同所有，它否认个人资产的收益权。这是两者的最大差异。倘若否定合作社成员对入股股份的个人所有权，合作经济就变成了集体经济。

3. 从组织的开放性来看

合作社具有开放性，遵循加入自愿、退出自由、民主管理的原则。而集体经济具有整体性和封闭性，在行政辖区内，每一个成员都是集体生产资料的所有者，但没有确定的个人份额的所有权。当某个成员离开这个集体时，就自动放弃了所有权；当外来的人参加这个集体，便自然地获取了所有权。可见，集体财产的所有权具有不可分割性，一旦被分割，集体经济组织也就瓦解了。

4. 从集体与成员的利益联系的紧密性来看

合作社成员要以自己的利益（表现形式可以是股金等）承担一定风险，而集体经济组织中的资产在整体上属于成员共同所有，每个社员占有的份额模糊，社员不承担资产风险，集体与社员的利益不够紧密。

二、与股份制经济企业的区别

1. 从联合方式来看

合作社一般以劳动联合为基础，联合起来的劳动者是企业的主体。虽然合作制企业也采取入股联合的形式，但资本的联合从属于劳动的联合。一般来说，合作社的成员既是资产所有者，又是服务对象，实现了资本与劳动的直接结合。而股份制是资本所有者的联合，是资本的集中，是私人资本通过联合转化为社会资本的一种方式，而且股票持有者并不一定从事企业的生产经营。

2. 从组织目标来看

合作社以谋求、维护和改善成员利益为目的。而股份制企业则追求投资者的资本利益最大化，并不以为特殊的对象服务为目标。

3. 从收益分配来看

合作社与股份制企业在经济分配上不同。合作社的入股是劳动者在资金上的合作与联合，分红的实质是以股金的多少来分配劳动者创造的劳动者剩余。而股份制企业的入股是个人或单位的投资，股份分红的实质是投资者分割劳动者创造的价值，它实行按股分红，分配完全取决于股份份额的多少，是十足的按资本分配。

4. 从集体与成员的关系来看

合作社与股份制企业内部人与人的关系是不同的。在合作经济内部，不论股金的多少，实行一人一票、民主平等的原则。职工在权利平等、责任平等、机会平等的条件下，自愿将部分资产交给企业，通过共同的管理和使用获得经济利益。企业成员以平等的身份参与企业的决策与经营，风险共担，利益共享。股份制企业则实行一股一票。由于股票可以买卖，因而大股东可以通过购买股票，掌握股份制企业股份控制额，从而左右企业的经营决策，股东之间是没有平等关系的。

三、与合伙经济的区别

合作社与合伙经济组织，都是劳动者个人之间的自愿联合、共同出资、共同经营、共负盈亏的利益共同体。但两者有明显的区别。

1. 从组织对本企业债务的责任来看

合作社对本企业的债务只负有限责任，并以企业全部资产承担债务清偿责任，而合伙经济组织对企业的债务负无限责任。

2. 从集体与成员的关系来看

合作社具有独立的法人资格，它有健全的制度以保证企业的稳定发展。而合伙经济组织主要以人与人之间的契约为基础，以个人信用和血缘关系来维系，它只是一个松散的联合体，具备时聚时散的特点，有很大的灵活性，属于私营经济性质。

3. 在分配制度上看

合作社中，企业的税后利润，除提留公共积累外，职工可按劳动的数量和质量获得一定劳动报酬，还有一部分股金分红。而在合伙企业中，实行按资分配，企业的收入除支付劳动者的工资外，其余全归企业所有。并在企业合伙人之间按股份多少进行分配。

综上所述，本书以表格的形式将新型农民合作社与几种经济组织形式的区别加以直观反映（见表 2 - 1）。

表 2 - 1　　新型农民合作社与几种经济组织形式的区别

	合作社		集体所有制	股份制	合伙制
	传统合作社	新型农民专业合作社			
组织目标	追求成员利益最大化	追求成员利益最大化	追求集体收益和福利最大化	追求投资利益最大化	追求投资利益最大化
联合方式	劳动联合，主要从事农产品的生产销售服务	劳动联合为主，但交易联合比重增加，主要从事农产品加工增值业务	人的联合	资本联合	资本联合为主

	合作社		集体所有制	股份制	合伙制
	传统合作社	新型农民专业合作社			
成员资格	加入自愿，退出自由	加入和退出有限制	严格社区（或成员）限制	完全开放	比较开放，以互相接纳为主
产权安排	社员个人占有；社员缴纳资格股；社员定额减持；一般不允许非社员持股；股份不允许转让	社员个人占有；社员不等额持股，但对持股有最高、最低限制；社员股份分为交易权股和资格股；允许非成员持股，但其资本报酬有限制，没有投票权；社员必须认购与交易量对应的股份	无差别的集体占有	股东按股份差别占有	合伙者个人占有
治理结构	一人一票；经营管理者全部在社员中选举产生	不完全坚持一人一票；表决权与投资额或交易额结合起来；可以由非成员理事；进行专家治理；对外出售的优先股，无投票权	一人一票，但缺乏制度保证	一股一票	根据约定

续表

	合作社		集体所有制	股份制	合伙制
	传统合作社	新型农民专业合作社			
收益分配	按惠顾额返还盈利；成员只能获得有限的资本金报酬；提留不可分割的公共积累	主要按交易权股返还盈利；社员资本报酬不受限制；一般不提留公共积累，如要扩大经营规模，就要求社员按交易量比例增加资本	完全按劳分配，无资本报酬	按股份分配	根据约定，通常按股份分配
所有者、经营者、生产者的关系	完全统一	完全统一	完全合一	基本分离	基本统一

资料来源：财政部财政科学研究所外国财政研究室. 支持新型农村合作社的财税政策研究 [J]. 经济研究参考，2008（7）.

第四节

新型农民专业合作社的特征

一、自下而上

新型农民专业合作社是按照"民办、民管、民受益"的原则发展起来的，目前许多新型农民专业合作社的章程中都会明确规定："本社的兴办原则是入社自愿、退社自由，实行民主管理，社员享受章程规定的权利，履行章程规定的义务。"这与国际通行的合作社原则是一致的。自愿、民主、平等、互利是合作社生命力的保障，农民是合作社的主体，组成、参加合作社完全自愿，不得采取行政手段强制撮合，必须保证农民独立自主、进出自由地开展劳动合作、资本合作、技术合作和营销合作等。这种合作社可以是完全由农民自己组织的，也可以是由既有供销合作社"领办"的。其组织形式在起步阶段必然是根据本地实际资源和产品优势而建立的专业合作社，或者类似的组织形式。新型农民专业合作社完全是农民在面对千变万化的市场机制自发组成的自下而上的合作组织。

二、经济联合

新型农民专业合作社是经济组织而非行政或政治组织，是排斥按行政乃至政治的机制运行的，它是独立的经济实体，是同类商品生产者的自愿合作，以解决小农户与大市场的矛盾问题，合作社与会员之间是风雨同舟的关系，盈利共享，风险共担。农民参加合作社的前提是不影响家庭自主经营权，不变更财产关系，经营的主要目的是为社员提供产前、产中、产后各种服务，增加农民收益。合作社不仅包销会员的产品为其代理销售、共同销售，以分散经营风险，而且建立风险调节机制、缓解价格波动带来的市场风险，经营中完全按照经济规律办事等等。在分配方式上，新型农民专业合作社大多能够按合作制原则进行分配，即按股和按交易分红、提取公共积累。

三、专业联合

新型农民专业合作社可以突破行政区域界限，打破成员单位的性质，实现跨村、跨乡、跨县市甚至更大范围的联合，这一点明显不同于以往人民公社按行政区域划分的死板做法。它根据市场需要将分散的农户结成联合体，组织起来共同闯市场，提高自己的议价能力和谈判能力。合作的内容可以围绕某一种产品提供一个或几个专项的服务进行专业生产，尤其是我国的几种优势农产品很适合以合作社的形式发展，比如蔬菜业、水果业、花卉业、茶叶业、中药材和养殖业等。

四、内部同一

新型农民专业合作社的内部机制决定了它的财产所有者和惠顾者同一，二者几乎完全重合，这是与其他经济组织的根本区别，正是由于所有者和惠顾者同一，才保证了农民的主体地位。农民群众是合作社的主人，他们不仅在名义上拥有合作社的产权，而且拥有实际的民主控制权和公平受益权。这使新型合作社明显不同于农民群体只有名义所有权的人民公社，也区别于实际上非农民所有、控制和分享剩余收益的"二国有"性质的供销社与农村信用社。所以，如果二者出现了错位，并且错位达到一定程度，则合作经济就演变为追求效率的营利企业或追求公平的公益企业，无论哪一种朝向的同一性错位都将导致合作组织性质的改变。

第三章

财税政策支持新型农民专业合作社的依据

　　财政的基础性、公共性和服务性特质，决定了扶持农民专业合作社的必然性，也与财政支持"三农"发展，使农业增收、农民增收，全面实现小康社会的目标相吻合。国内外实践证明，只要在发展市场经济的过程中存在弱势群体，这个群体在市场竞争中能够获利的有效途径就是通过联合，共同维护自身利益，共同面对和抵抗市场风险和压力。作为一个典型案例，合作社的产生背景也是市场竞争和弱势群体的存在。随着我国市场经济的不断建立完善，面对日益激烈的市场竞争，我国为数众多的弱势群体——农民要想在市场竞争中获得收益，通过新型农民专业合作社加以联合，共同维护自身权益就显得十分关键了。具体到政府通过财税政策工具支持农民专业合作社发展的依据，可以从理论依据和现实依据两大方面加以理解。

第一节

财税政策支持新型农民专业合作社的理论依据

一、新制度经济学理论

农民专业合作社作为农村一项正式的组织制度，其建立、发展和有效运转都离不开政府的支持和保护。更为重要的是，按照新制度经济学理论，由体制和外部环境不顺而造成的高昂的摩擦成本与运行成本，也只有政府才能消除。目前，我国农民专业合作社的创立创新主要是各种民间主体在外部利润诱导下自发进行的需求诱致性创新，但由于民间主体既无力也不可能独自承担高昂的创新成本，实践中农民专业合作社必然会呈现出局部性、不稳定性、异质性和滞后性特征，无法满足社会对于这一新型组织的制度需求。因此，要实现我国农民专业合作社向更高层次、更广范围发展，必须由多个创新主体共同分担和化解成本。实现合作社创新成本的合理分摊和化解，应将民间创新主体的自发创造与政府推动相结合，一方面要进一步强化农民在合作社建立和发展中的主体作用，另一方面由政府担任"第二行动集团"[49]，协助民间主体实现制度创新。公共财政理论告诉我们，政府的职责应是努力弥补市场失灵，最大程度地发挥市场的效率。因此，为市场中的经济组织提供一个公平竞争的法律政策环境，让市场机制充分发挥作用，从而使新型农民专业合作社能够做到真正优胜劣汰、不断创新无疑是政府应尽的职责。

二、交易费用理论

斯蒂格利茨把交易成本定义为"进行交易所增加的（购买价格之外的）成本，这些成本可以是货币、时间，也可以是某种不方便"。马修斯认为"交易成本包括事前为达成一项合约而发生的成本和事后发生的监督、贯彻该项合约而发生的成本，它们的区别在于生产成本，即为执行合约本身而发生的成本"。本书则赞同将交易成本看作是在信息不完全的条件下，人与人之间借助物品或劳务的进行权力让渡过程中所产生的成本，包括搜寻、谈判、签约、贯彻和维护合约的费用。具体到农民专业合作社而言，农民是否选择合作社实际上是在降低外部交易成本和增加内部交易成本之间的博弈选择，农民与市场的交易行为是选择加入合作社还是作为单一个体独立进行，主要取决于这两种交易方式的成本和效益对比。

农民专业合作社面临的外部交易费用和其他经济组织基本

相同，主要涉及信息采集成本、评估成本、交涉成本三个部分，大多是与各种市场经济主体在原料购买、产品销售等交易过程中发生的交易费用。但由于具备合作特征，农民专业合作社的内生交易费用与其他经济组织存在明显差异，其内生交易成本主要包括组织成本、决策成本、监督成本、执行成本四部分。农民专业合作社的资本报酬有限及盈余按交易额返还原则实现了资本与劳动的有机结合，能够有效减少组织内部成员之间的机会主义行为，而在此基础上形成的民主管理原则又为此提供了充分的组织保证，能够减少农民专业合作社的委托代理成本，从而节约大量的内生交易费用。从以下公式推理可以看出，农民加入合作社后和单独与市场交易相比节约了外部交易费用。外部交易成本的降低是农民选择合作社的根本动力。不仅如此，农民专业合作社还能给农民提供足够的服务，利用合作社的优势，提高农民的生产者剩余，使农民的预期利润大于预期成本。对这一结论，我们可以通过数学推算更为直观地了解。

一般情况下，交易费用与交易次数成正比。设有 X 个农户，都需要到 Y 个市场去购买生产资料或销售农产品一次，则交易次数：$N_1 = f_1(X, Y) = X \cdot Y$

如果在农户和市场之间建立一个农民合作社，则首先合作社与 X 个农户进行 X 次交易，然后合作社再到 Y 个市场进行 Y

次交易，则交易次数：$N_2 = f_2(X, Y) = X + Y$

设农民合作社的相对效率为 $F(X, Y)$ 则

$F(X, Y) = N_2/N_1 = f_2(X, Y)/f_1(X, Y) = X + Y/X \cdot Y$

当 $X > 2$，$Y > 2$ 时，$F(X, Y) < 1$

这说明农民合作社是有效率的。随着 X、Y 的增大，参与交易的农户越多，交易的市场越复杂，则 $F(X, Y)$ 就越小，农民专业合作社节约交易费用的成效就越明显。

可见，节约外部交易费用是农民加入合作社的根本动力。当然，内部交易成本会随着交易数量的增加和组织规模的扩大而增加，但是，在中国目前市场发育程度较低、交易费用较高、农民专业合作社规模也相对较小的前提下，外部交易成本的节约和内部交易成本增加的对比是显著的，农民加入合作社可以提高盈余的空间很大，农民对合作社有着强烈的要求。

由于新型农民专业合作社可以有效解决单个农户在市场交易时所出现的农产品难卖的问题、农业产业链条不完整的问题以及传统农业向现代农业转变等问题，因此，新型农民专业合作社的产生是必然的。按照国际通行原则，改善政府提供的财税制度环境，不仅能够降低农民专业合作社的交易成本，也可以降低农民专业合作社的组织成本，可见，对农民专业合作社实行财税支持无疑是政府帮助农民节约交易费用的重要手段。

三、公共产品理论

从最初意义上看，新型农民专业合作社是一种谈判机制，是建立在市场经济背景下的一种制度创新，承担经济和社会双重功能，兼顾效率和公平，具有准公共产品性质。[50]农民专业合作社具有一定的非排他性与非竞争性，虽然非社员业务不占主导地位，理论上可以将非社员排除在外，但是农民专业合作社的发展能带动小农户联结大市场，提供农业技术服务，农产品市场信息，有利于农业结构的调整等等，它的积极作用会外溢到组织以外，产生一种正的外部性。而对组织内部的成员来讲，享受组织的服务与受益则是非竞争性的。另外，对于组织内部的成员而言，大规模生产和经营的农户更加关心市场信息的搜集。虽然搜集信息将会花费一笔成本，但由此他们所带来的收益将增大，于是搜集信息的成本就显得微不足道了。相反这样一笔成本对于小规模经营的社员而言，将是一笔大的花费，如果他们能够足不出户，在不花费搜集市场信息成本的情况下，通过共享组织内部的市场信息，来进行生产和销售，提高自己的收益，对这些农户而言，无疑具有较大的吸引力。

根据奥尔森的"集体行动的逻辑"、"囚徒困境"博弈和哈丁的"公共地悲剧"模型，集团利益的公共产品特性会引致集团成员普遍的"搭便车"和机会主义行为，继而导致寻求自身利益最大化的行为人不会采取集体行动来实现他们的共同利益，出现所谓的"集体行动困境"。因此在农民专业合作社中，也有一部分农户采用不入股但是却通过新型农民专业合作社买卖商品，他们没有承担新型农民专业合作社的创建成本，却可以同样享受到新的制度选择带来的诸多好处。这就使得合作社提供的服务具有正外部性，排他性不强，容易产生"搭便车"现象。[51]在这些现象存在的情况下，如果没有公共政策扶持，合作社将很难自发产生，甚至演变为"异化"的合作社。[52]而现代农业需要政府提供一个稳定农业生产的制度体系，农民专业合作社将在这一制度体系中占据举足轻重的位置。这就决定了政府（公共部门）提供这一公共产品的必要性，虽然对准公共产品来讲，存在着依靠市场机制来优化提供俱乐部产品或拥挤性公共产品的潜在可能性，但政府在提供公共产品方面依然有很大的责任和义务。

正因为如此，为了缓解这一矛盾，以及考虑到农民是整个社会的弱势群体，鉴于新型农民专业合作社的准公共产品特征，可以在政府支持下，采用法律保护、财政援助、税收优惠等手段使其在运作过程中降低交易费用，同时对非社员收取高于社员的交易费用，为社员提供更优惠的服务措施。目前，农民专业合作社发展较好的国家大都从税收和政府援助角度给农民专业合作社以优惠，使加入农民专业合作社成为农户的自身需要，这既矫正了农业的正外部性，又为农村公共产品的生产提供了财力保障。

四、马克思列宁主义合作制理论

马克思主义的合作制理论起源于空想社会主义者罗伯特·欧文的合作思想。"欧文合作思想的基本点是把合作社看作'全新的人类社会组织的细胞'。他设想未来社会应该是'劳动公社'或'合作公社'的联合体。"然而，由于他的合作思想是建立在唯心主义历史观基础上的，只是"幻想用社会主义来和平改造现代社会"，所以最终失败了。虽然作为合作社鼻祖的欧文、傅立叶这些改良主义者的目的是要消除资本主义社会中某些"丑恶的东西"，而并不打算改变资本主义制度本身，但他们把合作社看作改良与弥补"资本"的不足、消除市场经济弊端的有效形式的思想却为政府支持合作经济提供了最早的理论依据。[53]

在欧文、傅立叶之后，马克思在《论土地国有化》一文中进一步指出，随着社会经济的发展，人口的增加和集中，土地国有化是一种必然的社会现象。"土地国有化将彻底改变劳动和资本的关系，并最终完全消灭工业和农业中的资本主义生产。只有到那时，阶级差别和各种特权才会随着他们赖以存在的基础一同消灭。"恩格斯在《法德农民问题》一书中，系统地论述了革命无产阶级在农民问题上的立场和原则。并主张对小农、中农和大农以及大土地占有者要采取分别对待的政策。

列宁在生命最后时期口授的《论合作制》一书，集中体现了他独具特色的社会主义合作社思想，主张从财政政策等方面支持合作社的发展。书中指出："我们社会主义国家应该对组织居民的新原则采取这样的支持"，"在经济、财政、银行方面给合作社以种种优先权。""在政策上要这样对待合作社，就是使它不仅能一般地，经常地享受一定的优待，而且要使这种优待成为纯粹资财上的优待（如银行利息的高低等等）。贷给合作社的国家资金，应该比贷给私人的多些（即使稍微多一点也好），甚至和拨给重工业等等的一样。"[54] 由此可见，列宁的《论合作制》为政府采用财税政策支持农民专业合作社提供了政治经济学理论支撑。

第二节

我国财税政策支持农民专业合作社的现实依据

新中国成立以来，我国实行优先发展工业的发展战略。农业部门创造的价值有相当一部分通过工农产品价格"剪刀差"转移到相关的工业部门，加上我国农业、农村、农民自古以来的弱势，使得"三农"问题成为严重制约我国国民经济持续均衡发展的重大问题。农业在国民经济中的基础地位及其特有的弱质性特征，决定了政府必须对农业的发展提供支持。合作社的特殊性决定了它在许多方面成为政府目标的实现者，并因此成为政府的有效合作伙伴："政府利用合作社的潜力和贡献，以实现社会发展目标，特别是消除贫困、创造充分和有效的就业及促进社会融合。"同时，由于"搭便车"现象的存在，合作社竞争力弱于其他股份公司也是不争的事实。目前有的地方政府提出"支持农民合作社就是支持农民"的口号，在一定意义上来说也是存在合理性的。具体到财税政策支持新型农民专业合作社的现实依据，主要包括以下几个方面。

一、农业和农户本身存在弱质性

农业是社会发展的基础产业，各国政府都十分重视农业的发展。而农业最基本的特点是生产的生物性、地域的分散性以及规模的不均匀性，这些基本特点从根本上决定着农业在不同产业相互关系中处于"天然"弱势地位。农业的弱质性主要表现在面临着自然风险和市场风险双重风险。

第一，自然风险。农业再生产是自然再生产与经济再生产同时进行的，其生产者对自然有高度的依赖性，面临着较为严重的自然风险。

第二，市场风险。农业的弱质性体现在其近乎完全竞争型的市场结构特征。大宗农产品差异性较小，进入壁垒很低。生产者众多且比较分散，为此供给弹性较大；而其作为一种生活必需品，绝大多数农业产品的需求弹性却较小，供给弹性大、需求弹性小的市场特点，使得农业产品的供需均衡点呈现"发散型蛛网"的不稳定均衡态势，因此在买方市场条件下很容易形成过度竞争的不利局面，造成增产不增收的现象。而当农产品供大于求导致价格下滑后，又会产生"谷贱伤农"的后果，严重影响农户的生活质量和社会稳定；同时，农业提供了人们生存必需的食品和其他资料，农产品在人类需求层次中处于最基础的层次。[55]换句话说，农业具有很强的外部性，具有部分公共物品的性质，是国民经济的基础，农业的稳定是国民经济持续稳定健康发展的重要保障。

第三，我国农业生产力水平不高，农业科技进步贡献率只有约为40％，相当于发达国家的一半。在市场机制不完善，政府对技术的调控不到位的情况下，农业科技成果转化率低，也仅相当于发达国家水平的一半。[56]而农业社会化服务工作中的某些服务内容，如病虫害测报、土壤化验等，往往只有社会效益并无经济效益，这些服务对农业生产发挥着很重要的作用，具有较大的正外部性，而这些大外部性服务原则上也必须由财政政策进行支持。因此，在市场经济条件下，为了加快农业的发展，提高农民的谈判地位及话语权，增加农民的收入，有必要提高农民的组织化程度，加快农民专业合作社的发展。

与农业弱质性密切相关的，是在我国当前情况下，农户的弱质性。其主要表现在以下几个方面。

第一，由于农业具有弱质性的特点，从事农业生产的农民也必然面临着严重的自然风险和市场风险，使得农业的预期收益较低，由此产生资金和人才等要素由农业单向外流，资金的外流使农业与农村的各项建设事业缺乏应有的经济支持，而人才的外流使农村问题在根本上失去了解决的推动力量。

第二，我国是世界上人地矛盾最突出的国家之一，从每个劳动生产力占有的农地这一指标来衡量，我国仅略好于韩国，为1.1公顷；人均可耕地面积与韩国大致相同，为1公顷左右。并且，随时间推移，我国的人均耕地面积有进一步缩小的趋势。耕地面积狭小，不仅限制农业机械的采用，而且妨碍农业劳动生产率的提高，使得从事农业生产的劳动者获得的收益远低于社会平均收益率。

第三，相对而言，我国当前大多数农户的文化素质还处于较低的水平。据统计，2006年，每100名农村劳动力中，不识字或识字很少为 1.3 人，小学程度为 18.3 人，初中为 70.6 人，高中为 8.6 人，大专及以上为 1.2 人。这样低的文化水平导致劳动生产率必然较低，劳动者的收入也很难在短期内得到提高。

综合我国当前农业和农户的弱质性特征，可以发现建立农民专业合作社，是有效化解各种自然风险和市场风险对农业生产的侵蚀的有力保障。

首先，农民专业合作社联合千家万户闯市场，可以扭转一家一户由于经营规模小、信息不对称、自身素质低、谈判地位差的被动局面，由合作社出面和市场连接，农户按合作社分工进行生产加工，发挥合作优势，大大降低盲目性，从而减少风险。

其次，农民专业合作社可以抵御自然风险、自然灾害、突发事件等对农业生产者、经营者造成的重大损失。农民专业合作社是成员之间的互助合作，一方有难，八方支援，即使遇到各种自然灾害，也能通过相互帮助，尽快恢复生产，有效减轻灾害程度。

最后，农民专业合作社可以减少技术风险。农产品的市场竞争日益激烈，农产品科技含量成为农产品市场竞争力的关键，而每项新技术的采用都伴随着一定的风险，技术实施成功与否、成效如何等受到技术本身的适用性以及推广者、使用者的技术素质等多重因素影响，农民专业合作社能有效地提高技术普及的广度和深度，尽量避免技术的失败，最大限度地发挥新技术所具有的增产增效潜力。可见，政府扶持农民专业合作社也是我国农业发展的现实要求。

二、农民专业合作社的发展符合政府的社会政策目标

农民专业合作社主要从事农业生产，农业生产的自然特征，在某种程度上或在某些方面，限制甚至排斥现代科学技术成果的运用，它在市场技术上的进步始终落后于工业。加之新中国成立以来，为了实现国家工业化，长期采取向工业倾斜的经济发展战略，造成工农业产品直接的价值剪刀差不断增大。虽然我国工业逐渐有能力反哺农业，但政府支农资源仍是有限的。尽管几次调整农产品收购价，但在物价上涨因素消弭之后，农业的比较利益仍然很低。农民专业合作社的对象是农业生产经营者，在经济利益上，农民专业合作社与农民发生关系，农民所支付的服务费用直接影响着他们的纯收入，在农民仍不能实现较高收入的时候，他们当然不愿意为获得服务投入较大成本。归根结底，农业的比较利益偏低，决定了农民专业合作社的经济补偿性低，而农民专业合作社的经济补偿性低也决定了必须由国家财政给予支持，否则农民专业合作社体系建

设不可能完善。合作社特殊性决定了它在许多方面成为政府目标的实现者，并因此成为政府的有效合作伙伴，政府利用合作社的潜力和贡献，以实现社会发展目标，特别是消除贫困、创造充分和有效的就业及促进社会融合。

理论上来说，为解决农产品市场问题，政府有许多选择。第一种方式是：政府支持建立一个接近完全竞争的市场。这种方式对农产品特征要求高，适用范围小，成本高，对于大部分农产品而言并不可行。第二种方式是：通过支持龙头企业解决农产品市场问题。这种方式具有一定带动农户的作用，但是可持续性弱。"龙头企业＋农户"模式正是农业产业化经营所提倡的，但这种模式在现实中往往运行效果不理想。原因在于企业与农户的最优目标不一致，由此而导致两者的信息不对称，出现"逆向选择"和"道德风险"，这种博弈不利于农产品市场的持续增长。

可见，上述两种方式都不是公共政策的最优选择。第三种方式就是通过支持农民专业合作社，提高农户自身开发市场的力量。由于农民专业合作社是独立于农户与企业或市场之间的中间性组织。[57]农民专业合作社掌握市场需求和农户信息，可以作为市场主体代表农户与企业谈判，或直接参与市场竞争。农民专业合作社是维护农民经济利益的主要渠道，也是协助农民降低市场风险的主要方式。应当承认：只有农民组织化以后才能够拥有平等的市场主体地位，获得应得的利益；只有农民组织化以后才能够避免自己信息的不对称，规避市场风险；只有农民组织化以后才能够争取自己合理的经济权利和政治地位。可见，通过财税政策支持新型农民专业合作社的发展不仅符合我国现阶段政府的社会政策目标，而且对于我国政府彻底消除"二元经济"的长远目标的实现也有着重要的意义和价值。

三、有利于不断创新和完善我国农村基层组织制度

新型农民专业合作社是政府联系农民的重要纽带，是介于政府和农民之间的机构。发展新型农民专业合作社有利于健全村委会组织，落实和完善民主选举、民主监督机制，让村民真正享有知情权、参与权，集思广益搞好农村各项建设。这是因为，它一方面为组织内部成员提供各种实用农业技术、产品市场信息、农业生产资料供应等服务；另一方面它同样具有传递政策信息、执行政府农业决策等政策功能。政府可以通过合作社去落实党的路线、方针、政策；农民可以通过合作社向政府反映自己的要求、意见和建议。所以，农民专业合作社能有效地推进基层民主建设，有效地改进党对农村的领导和政府对农民的管理，密切党群和干群关系，促进农村社会稳定。因此，

通过财税政策支持农民专业合作社的发展不仅符合当前农村基层组织制度创新和完善的需要，也符合促进城乡统筹协调发展的需要。

四、有利于推动我国农业产业化经营

当前，我国农民专业合作社主要是适应农业产业化经营需求而形成的，农民专业合作社将分散的农户统一起来，形成利益共同体，按照市场的要求，统一规划、统一布局、统一标准，实现规模化生产经营，提高农产品的质量和效益。其服务涉及农业生产的各个环节，如产前提供良种、农资等生产要素服务，产中提供技术指导，产后进行加工、运销服务等多环节的联系和合作，并利用组织的优势资源创办或与其他企业联办农产品加工和销售龙头企业，组织甚至代表农民与农业产业化经营龙头企业签订合约，保护双方正当利益。另外，农民专业合作社还能够统一协调会员的经营行为，避免会员之间的不正当竞争，搭建起统一、公正的竞争平台，维护农户的经济利益，维持正常的经营秩序。可以说，新型农民专业合作社的建立，使农村的资金、技术、农民的不动产、劳动力等生产要素得到了有机整合和优化配置，缩小农产品生产时间和劳动时间的差别，提高劳动力的充分利用程度，增加农民收入，加快兼业经营的分化进程和进入加工流通环节的步伐，最终实现土地向规模经营集中和农业产业集约化发展的目标。

五、有利于推动我国政府职能转变

农民是我国社会的最大弱势群体，同时又是最大的市场弱势主体，这种双重弱势地位使得农民的市场谈判能力和社会谈判能力都很弱。加入 WTO 之后，政府对于农村和农业的各种直接补贴都在逐步减少，也更加规范，对于"三农"的补贴和支持政策，更需要中间组织作为载体。政府职能要逐步由直接干预向间接服务转变，而作为农民代表的新型农民专业合作社，不仅在跟国外的农产品竞争当中可以作为谈判组织出现，而且作为联系政府和广大农民的桥梁和纽带，它的健康发展和规范运作，可以直接延伸和补充政府的管理职能，使政府缩小管理幅度，做到"管而不死，放而不乱"，使农民的市场经济主体地位通过专业合作社得到不断发育和巩固，促进农村改革、发展、稳定得到有机统一。新型农民专业合作社的发展既可以实现政府向下贯彻落实党的路线、方针和政策，又可以使农民向上表达自己的要求、愿望和呼声。这不但增强和保障了农民的谈判地位和能力，保护了农民的利益，也将不断推进社会主义新农村建设，在政府公共服务职能构建的过程中起到很好的协助作用。

六、有利于提高我国农民整体素质

　　我国农民数量巨大，文化素质普遍较低，农村的精神文明建设亟待加强。促进新农村建设需要农业技术的运用以及农业的可持续发展，这归根到底要靠农民掌握、运用新的生产技术，需要农民确立现代的农业发展观，这实际上就是需要农民自身的现代化。新型农民专业合作社对于提高新农村建设中农民素质的作用不仅局限于农业技术的传授，在农民参与合作社的日常活动中，农民将受到多方面的教育和素质提升。首先，在合作社中可以培养农民的合作互助精神，以合作社的理念改造农民，在大范围内引导农民进入合作社领域，同时转变农民思想观念，促进农村精神文明建设。其次，合作社不仅提升了农民进入市场的组织水平，而且为社会主义新农村建设提供了必要的物质基础，可以培育农民的市场意识和锻炼农民参与市场的能力。最后，合作社内部实行民主管理，成员在经济上、政治上平等，必然潜移默化地提高农民的民主意识，同时在有序行使民主权利的过程中，农民也可以得到民主管理的锻炼，促进农村基层民主政治建设。

第四章

中国新型农民专业合作社
发展现状分析

第一节

近年来中国新型农民专业合作社的发展成效

通过上面章节的分析，可以看到，新型农民合作社是解决中国"三农"问题一把很好的钥匙，近年来，随着"三农"问题在我国社会经济发展进程中重要性日益凸显，中央和各级地方政府对于这一问题化解的决心也在不断加强，政策支持力度逐年提升。作为连接农户与市场的一种组织形式，农民专业合作社对于有序引导农民和市场接轨起到了积极作用，各级政府也相继出台了系列政策规定，用于支持和鼓励农民专业合作社的发展。

在多方密切关注以及相关政策支持下，这一经济组织发展迅猛，取得了显著成效，仅仅从数量规模上来看：2005年底，全国新型农民合作社约为15万家，到2010年3月底，全国依法登记的农民合作社的数量就达到了27万家，而根据农业部最新统计信息显示，截至2016年10月底，全国依法登记的农民合作社已达174.9万家，参加这一组织的农户已经占到全国农户总数的43.5%。与以往数据相比较，我国2016年合法登记的农民合作社较2005年翻11倍多，较2010年翻6倍多。可见，我国农民专业合作社的发展规模不断壮大，发展速度迅速，发展成效显著，其所起到的积极效果也是显而易见的，具体表现在以下几个方面。

一、合作社有效地提高了入社农民的收入

首先，合作社的建立和发展有效地提高了农民的经济社会地位。通过建立有针对性的激励机制，农民专业合作社比分散的农户在农业生产和市场竞争中更具优势。这是因为农民合作社的大规模生产可以形成规模效应，降低生产成本，在与上游企业谈判中，农民依托合作社会具有更多的话语权。同时，加入合作社农民的收入来源会更加多样化。农民合作社拓展了更多增加农民收入的渠道，例如开展农产品的深加工、发展特色农业等，而对于参加土地股份合作社的农民，既可以作为股东

参与分红，也可以通过劳动参与收入分配，收入来源更加广泛。以某茶叶土地股份专业合作社为例，该土地股份合作社注册资本 3500 万元，茶农以每亩茶园 6000 元的价格入股，茶厂作价 3000 万元入股，每股 1000 元，合作社的盈利按甲乙双方股权份额比例分配，其中 40% 用于股金分红，60% 用于交易额分红，这样的分配方式对于那些之前仅仅能够从土地耕种中获取收入的广大农户而言，无疑极大地拓展了其收入来源渠道。

其次，农民专业合作社生产的规模化和专业化大大增强了农民抵御自然风险和市场风险的能力。对于进行分散生产的农民来说，不仅要看天吃饭，其收入还要受到市场上波动的农产品价格的影响，而农业作物的特殊性，又往往让他们陷入发散型"蛛网模型"之中，饱受"谷贱伤农"之苦。加入农民合作社后，合作社可以通过推广新技术和增加基础设施建设等措施提高农民应对自然的能力；通过对经济环境的分析，结合气温、降水等自然因素，对来年农产品市场价格及产量作出科学的预测，合理地安排生产，有效应对市场风险，有效平抑自然和市场双重风险给农民带来的收入不确定性波动。

最后，农民专业合作社有利于形成品牌优势，提升相关产品的附加值。农民合作社在扩大地区优势的基础上，通过发展本地区的特色农业或种植优势作物，不断提高其产品质量，最终会形成自己的特色品牌，提升产品的知名度和附加价值。近年来不断涌现出的许多区域产品，如浙江舟山海水产品、黑龙江木耳、江西赣南脐橙、重庆荣昌生猪等，都已经逐渐脍炙人口，深入人心。而品牌一旦形成，其效应必将在市场竞争中体现出来，另外，品牌产品在市场竞争中的优势又会极大地增加合作社成员的收入、扩大本地区的影响力，走上相互促进的良性循环之道。

二、合作社在保障农产品安全方面发挥了积极的作用

随着我国经济的深入发展，食品安全问题日益成为国民关心的大事，农产品作为百姓餐桌上的日常食物，其安全问题则更为重要。但是不可否认，在追求经济利益最大化目标的驱使下，诸如农产品药物残留超标、畜禽类产品安全等问题已屡见不鲜，在实践中也很难对分散的农业生产进行监督整治。但是农民专业合作社的规模化与专业化生产特征却可以从源头上有效遏制这一顽疾。这是因为，合作社可以通过统一发放农业生产资料，进行技术指导，制定严格的生产规范等措施，有效防控农产品质量关，较之分散种植、分散经营的农户个体来说，无疑会更加便利地进行管理。同时，为了获得更大的长期收

益，树立自身良好的品牌效应和形象，合作社内部本身也有不断提高农产品安全的动力。而在近年来的社会实践中，农民专业合作社的发展和规范也的确在提高农产品的品质和安全性方面起到了不容否认的贡献。

三、合作社使得农村许多荒置土地得到了充分利用

我国农业的分散化生产等因素长期以来导致了农业生产成本高、风险大、收入低，农业与其他行业相比比较优势偏低。为了维持家庭生活、应对日益高涨的生活和教育成本，很多农民不得不进城打工，留下儿童、老人等劳动能力不足的人群驻守农村，这些留守人群缺乏对于土地的生产和管理能力，造成农村土地抛荒现象严重。尽管近年来财政不断加大对于农业的补贴，但是农业收入报酬偏低的现状并没有得到根本改善，越来越多的进城务工人员依旧选择留在城市，导致农村大量土地闲置。而农民合作社允许农民以土地入股，参与分红、获得报酬，不管是否有能力参与农业生产均可以通过自己的土地获得收入补偿，这对于那些缺乏劳动能力的留守农民无疑是一个改善生活质量的选择，也使得许多农村的闲置土地得到了更为充分有效的开发利用。

四、合作社的推广使得农民的知识水平不断提高，有利于国家政策的宣传与落实

合作社生产的专业化要求入社农民具有较高的农业知识和科学规范的农业管理水平，为了达到这些目的，农民专业合作社都会定期邀请专家，对社员开展培训，不断提高其素质。在对农民的培训中，对国家政策的全面解读也是一个重要的方面，通过专家的讲解和培训，农民可以更加深入地了解国家政策、运用国家政策法规、逐渐自觉遵守国家政策法规。从政府层面来看，当政府准备推出某项涉农政策法规之前，也可以通过农民合作社广泛搜集农民的想法和建议，将政策设计得更加缜密完善；而当政府某项政策已经开始实施之后，同样可以通过农民合作社了解其具体效果和存在的问题，以便对现有政策进行修正，确保政策效用的最大化发挥。

五、合作社可以促进农村产业的融合，有利于农村实现转型发展

新型的农民专业合作社的形式是多种多样的，不仅局限于传统的第一产业，更包含了第二、三产业的具体环节，多种形

式共同存在对于促进三次产业的融合作用是显著的。在农业生产方面，农民合作社可以将农产品加工、运输、销售等行业联系起来，推动农业与旅游休闲观光业的融合，在增加农民的收入的同时，也促进了产业的融合与农村的转型。以辽宁某市为例，政府大力支持农事经营主体进行农业产业链延伸型融合。处于农业产业链上不同环节的农业经营主体积极向上下游延伸产业链条，将农业生产与农产品加工、销售连接起来，实现三次产业的融合发展。该市的某个合作社拥有 360 家超市和"天鲜到"、淘宝特色中国辽宁馆等电商平台，建立了水稻、蔬菜等 15 个基地，并对大米、蔬菜、肉蛋等农产品进行精加工和包装，利用电商平台，将东北大米、河蟹、碱地柿子等农产品销往全国各地，较为成功地实现了农村产业的转型和升级。

第二节

近年来中国新型农民专业合作社发展中存在的问题

通过上一节可以看出，近年来我国新型农民专业合作社的发展和建设已经取得不少成效，其社会效果更是值得称道，但是同时应当承认，作为新兴事物的新型农民专业合作社，在其发展的过程中依然面临着许多问题和障碍，总体来说，表现在以下几个方面。

一、在政府支持方面存在的问题和障碍

1. 政府支持力度不足

与其他农民合作经济组织发展较好的国家相比，我国政府对于合作社的扶持力度是有限的。一是政府认识不足，没有充分认识到合作社的重要性，没有把相应工作落实到位；二是在实践中，政府只花费力气扶持大型企业，尤其是对农产品加工企业热情高，这些企业也得到了政府部门的大力支持，而小型企业受到冷落，发展举步维艰；三是有些地方政府依然存在"挂羊头卖狗肉"的现象，某些合作社功能不强，甚至形同虚设，只是作为套取国家的优惠政策的空壳存在；四是政府扶持不到位，由于财政支持力度的不足，农村发展合作社的发展环境、基础设施等没有得到较大的改善，导致合作社的优势并没有得到普遍认同和体现。

2. 运用财税政策支持新型农民专业合作社发展的实践经验匮乏

我国传统合作经济的成功经验偏少，从新中国成立初期到

1978 年的农业生产合作化，再到 1984～1999 年的农村合作基金会，合作经济的失败沉重打击了农民的积极性和信心，国家也因为两次参与合作经济不成功的经历，所以对于新型农民合作社采取了一种谨慎的态度，很长一段时间合作社都处在自发组织的状态，没有得到政府充分的财税政策扶持。

3. 地方政府在片面追求 GDP 和短期政绩动机驱使下，忽略了对农民专业合作社的扶持

在追求短期、显性政绩的利益驱使下，许多地方政府并没有将有限的财政资源投向需要鼓励支持的农业领域，而是过多地关注于与 GDP 相挂钩的各类城市工商业项目和基础设施建设领域。实际上，工业反哺农业的政策是有潜在条件的，只有高效、节能、环保的工业才可以反哺农业，这也是国家财政投入不断增加而效果不明显的原因，每年国家都要花费大量人力物力进行监督，对各项支农惠农政策的落实情况进行大力度的检查，近十几年来的中央"一号文件"也都将政策关注的目光投向"三农"问题的解决，但是不可否认的是，仍然有一些地方政府没有从根本上转变观念，充分认识到新型农民专业合作社的重要性。

二、农民专业合作社本身存在的问题

1. 合作社整体运行管理不规范

一是合作社自身的组织化程度低。由于合作社组织者及社员的素质还比较低，多数合作社没有相应完善的规章和制度，不少存在着以人治代替规制的现象；二是合作社产权归属不清晰、民主管理难以落实。在合作社成立初期，政府部门、供销社、协会、社区、龙头企业牵头直接投资或参与建立合作社，随着合作社组织的发展壮大，就出现了权属不明晰的问题，造成了管理混乱的问题；三是利益分配机制不合理，不能按照大多数农户满意的方式进行利益分配，出现了各方背信的情况，"农户＋公司"模式成为较为普遍的经营模式，背离合作制的基本原则，不能合理进行利益分配。

2. 合作社之间缺乏联合

我国的合作社很少有跨业务、跨区域、跨行政边界的广泛横向联合现象，90%的合作社集中在乡镇一级，50%的业务范围集中在本村社，都是单个、孤立地存在着，互相之间的业务往来少之又少，没有形成一个完善的、四通八达的网络整体体系，严重削弱了与农业产业资本相抗衡的能力，只能受制于农业产业资本的主导。

3. 各种类型的合作社缺乏业务联系

我国当前的农民专业合作社大体可分为四种类型：一是基于"猪粮经工"型小农形成的占有较大比重的种养型；二是基于农业产业链形成的专业服务型；三是在资金支持上形成的信用与农村金融合作型；四是发源农业由工业主导发展型，比如农村社区经济合作社、股份制经济合作社等。按业务可分为两大类：实业型和金融型。但是在现实发展中，各种类型的经济合作社各自独立发展，相互间联系很少，当实业型的合作社发展起来时，金融型的合作社却没有发展成熟或者金融型合作社的服务对象不是实业型合作社，没有能力解决合作社资金不足的问题。所以我国的合作社经济基本上还属于单一型经济，而不是业务综合发展模式，网络体系尚待形成和完善。

4. 合作社缺乏县级、省级的大区域联合领导机构

我国目前尚缺乏一个对县级乃至省级合作社起到统一领导、协调生产、销售计划等的机构，导致很多基层级、同质性的合作社分散在各处，丧失了与市场对话、谈判的能力。没有更高层级代表农民利益的机构，很容易造成各地合作社不良竞

争的局面，对新兴的合作社更是时有打击的情况存在。至少从目前现状来看，我国缺乏像韩日等地农协层级分明、职责明确、业务明晰的综合网络体系来统一解决各式各样的分歧和问题，这直接导致合作社力量薄弱，发展中困难重重。

5. 合作社服务内容单一且水平较低

我国目前的农民专业合作社中，约有一半属于种植业，畜牧业、水产养殖类合作社大约占1/3，其余20%的合作社基本属于农机及其他物资类，日常运输销售的物品也多为农资和农副产品。总体来看，合作社服务能力欠缺，内容不丰富，所以其辐射和对周边组织的带动能力也是有限的，很难具备承接国家对农业的扶持项目与政策性资金的能力。多数合作社业务范围过窄，普遍停留在生产和流通领域，缺少农副产品精深加工型、技术推广型、综合服务型的经济合作组织。

6. 区域间农民专业合作社发展不平衡

与中国的多数经济发展状况相类似，中国农民专业合作社的发展也带有明显的区域发展不均衡特征，呈现出东部地区合作社数量较多而中西部较少，且多为专业协会的特点。经济发达地区生产力水平高，农民合作意识强，条件充裕，容易建立数量多、水平高的经济组织，发展速度快、覆盖面广、技术的应用程度也高，而经济落后地区合作社的发展却远远滞后于发达的地区，这一问题直接导致了区域间农民专业合作社发展的不平衡，也加重了"马太效应"的现状。

三、中国农村和农民现实问题制约了合作社的深入发展

1. 中国农民的合作能力不强延缓了合作社的发展

首先，当前中国农民的合作意识有待进一步提高，受长期封建思想的影响，农民根深蒂固的小农意识依然较强，对于加入农民专业合作社有较多的顾虑，想得多，做得少，瞻前顾后，持观望态度的人不在少数。其次，农村的资源较贫乏，物质基础差，能够组织的农民专业合作社不仅数量少，规模也很小，抗风险能力弱，导致合作社不能充分发挥其应有的作用，这进一步加深了农民入社的顾虑。

2. 农村资源贫乏进一步制约了合作社的快速发展

由于农业的低收益，造成大量的资源流失，流向了城市，农村因此发展资源匮乏。一是农村合作社面临资金不足的问题，虽然农村金融体制历经多年的发展，已经取得了一些成

效，但合作社依然陷入融资难的困境，农村金融市场分散成本高，无抵押贷款风险高等问题；二是大量青壮年劳动力都流向城市寻求发展，留守在农村的多是文化水平较低的老人和缺乏自主能力的儿童，农村缺少合作社主体实施和参与人员，人才缺乏，不利于合作社的长久建设；三是组织资源能力差，农村的小农意识依然严重，合作意识不强，需要第三方的出面来促进农户之间的联合，对农民开展思想教育，在此之前人民公社就发挥了此项作用，但是目前农村地区十分缺乏这样的机构来促成农户的合作和互助。

总之，历经多年的发展和实践，我国的新型农民专业合作社取得了令人瞩目的成效，也存在着诸多问题和困难，这些问题和困难的有效解决，是确保新型农民专业合作社不断进步的前提和保证。

第五章

中国新型农民专业合作社
财税支持政策分析

第一节

近年来中国新型农民专业合作社
财税支持政策概述

随着市场化改革不断深入，长期制约我国经济社会发展的"二元"现象日益凸显，如何有效化解这一历史难题成为中国政府必须面对的现实。近年来，中央"一号文件"无一例外地将关注的重点放在了涉及"三农"的多个领域，出台了各项优惠政策对农村和农业人口加以扶持。而作为农民自主联合的民间组织，新型农民专业合作社无疑可以很好地起到连接政府和农民的作用，其作用无需赘述。因此，近年来，中央和各级地方政府也出台了许多支持新型农民专业合作经济组织的相关政策，这些政策对于这一组织的发展起到了不容忽视的推动作用。

一、近年来各级政府支持新型农民合作经济组织的相关政策规定

依据《农民专业合作社法》第五十条规定，中央和地方财政应当分别安排资金，支持农民专业合作社开展信息、培训、农产品质量标准与认证、农业生产基础设施建设、市场营销和技术推广等服务。中央直接给予专业合作社财政资金扶持，也就是直接扶持农民、扶持农业、扶持农村。

中央财政从现代农业生产资金中安排部分资金专门用于支持农民合作社，采取"中央指导、地方落实"的管理方式，将审批权限下放给地方，支持各地灵活运用贷款贴息、先建后补、以奖代补等多种方式，扶持合作社引进推广新技术，获得认证、品牌培育和市场营销等，增强合作社的市场竞争能力和抵御风险能力。各省（区、市）也建立了支持合作社发展的专项资金，用于合作社品牌培育、产品营销、信息化建设等。

按照这一法律规定的精神，近年来，中央和各级地方政府纷纷出台了支持农民合作经济组织的各项规定和举措，从政策

层面为这一经济组织的发展保驾护航，这些政策主要包括：

（1）2009 年 10 月广东省委办公厅、广东省人民政府办公厅出台《关于农村经济合作社股份合作制改革的意见（征求意见稿）》，文件明确农村集体经济组织实行股份合作制，是以合作制为基础，实行成员联合与资本联合相结合的新的集体经济组织形式，是新形势下深化农村改革的一项重要措施。意见稿指出：多年实践表明，股份合作制可以起到明晰产权、权责分明的作用，打破了集体经济名义上"人人有份"实则"人人不过问"的格局，形成了"主人到位"的机制，使得集体经济组织更加规范化运转。

（2）2010 年 1 月 29 日，中共四川省委办公厅、四川省人民政府办公厅出台《关于进一步推进农民专业合作经济组织发展的意见》，文件指出：以助农增收致富、促进现代农业发展、推动农业产业化经营为目标，以引导、支持、服务为手段，促进农民专业合作经济组织创新机制、规范管理、加快发展、发挥作用，带动农民持续稳定增收，带动产业持续稳定发展，实现建一个组织、兴一项产业、活一地经济、富一方农民。力争到 2012 年，全省农民专业合作经济组织数量达到 2.4 万个以上，依法登记的农民专业合作社达 50% 以上，省级示范农民专业合作经济组织总数达到 600 个以上，农民专业合作经济组织成员年均纯收益增长 30% 以上。

（3）2010年6月10日，河北省政府印发了《河北省人民政府关于加快供销合作社改革发展的实施意见》，意见指出：以建设农村现代流通网络体系、农民合作经济组织服务体系和农村社区综合服务中心为核心，大力推进经营创新、组织创新和服务创新，努力使供销合作社在农业社会化服务、农村现代流通网络体系建设、农民专业合作等方面发挥重要力量，不断开创全省供销合作事业新局面。

（4）2010年7月5日安徽省人民政府《关于加快供销合作社改革发展的意见》指出：当前，我省改革发展进入关键阶段，农村也在发生着深刻的变化，在新形势下要充分发挥供销合作社在农业流通体系、农业现代化建设、帮助农民增收致富、建设社会主义新农村和加快城乡一体化发展的作用。加快推进供销合作社现代流通网络建设，大力发展农民专业合作社，提高行业协会服务水平，鼓励供销合作社积极参与农村金融创新，继续加强基层社建设。

（5）2010年黑龙江省人民政府《关于加快供销合作社改革发展的实施意见》规定：力争用5年左右的时间，在全省初步构建起以全省性、行业性、区域性龙头企业集群为支柱，市县社有企业为骨干，基层供销合作社、农民专业合作社、社区综合服务中心和连锁超市为基础，农资、农副产品、日用消费品、再生资源四大连锁经营网络为主要支撑的农村现代经营服务新体系。商品购销总额年均保持递增 10% 以上。

（6）2010 年 6 月 10 日，河北省政府印发了《河北省人民政府关于加快供销合作社改革发展的实施意见》，意见表明：要加大力度完善农村现代流通服务网络，扩大实施的范围，充实建设内容，加大支持力度允许供销合作社的企业参与成立村镇银行，参股到农村信用社，支持开展农业保险、资金互助机构、互助保险机构等试点工作，帮助农户对农业生产经营的持续投入，积极支持合作社和科研院所将研究开发的农业成果转化成实际项目，并把先进的农业科技推广，支持发挥合作社网络体系优势加强信息网络建设，及时获得市场信息，利用教育培训资源对合作社带头人和农产品经纪人进行培训，进一步完善大中专的职业教育。供销合作社承担着全省流通领域盐业行政管理职能，要依法加强盐政管理，搞好食盐专营和储备，确保人民群众食用安全。

（7）2011 年，广西壮族自治区人民政府《关于加快供销合作社改革发展的实施意见（桂政发〔2011〕10 号）》规定：全面实现从传统的经营方式向现代化的流通体系转变，从单一的购销方式向综合的运营管理方式转变，从单一的供销合作转向全面的农业生产经营合作，使供销合作社成为农业社会化服务、现代流通体系、专业合作社的主导力量，成为提供安全优质农产品的推动力量，让其真正成为对农民有益的集体经济组织,打开农业现代化发展的新局面。

(8) 2013 年,湖北省委"一号文件"明确提出要创新和完善农村体制机制,增强城乡发展一体化活力。特别指出要培育新型农业经营主体,如农业专业合作社、家庭农场、种养大户、联户经营等,支持跨区域、跨行业的合作联社和股份合作社,参照专业合作社登记,各部门联合评定示范社,作为政府扶持的重点,采用奖励补助的形式,对农民进行教育和培训,培育新型农民,提升农民的素质。

(9) 2013 年,江西省委省政府《关于加快农业农村转型发展推进城乡一体化的若干意见》规定:大力支持发展农民专业合作社,积极发展、强力扶持、提升品质、规范运作,力争在 2013 年社员人数达到 120 万人,覆盖到 30% 的农户,因地制宜,大力发展粮食、果蔬、油茶、毛竹、畜禽、渔业等种养方面的专业合作社,实现农业规模化生产,经营上品牌化、特色化。也要重视发展二、三产业的专业合作社,允许农民以土地、林地作价入股或者使用林地出资成立公司等。

(10) 2014 年 8 月 21 日,浙江省人民政府办公厅在《关于全面开展村经济合作社股份合作制改革的意见》中指出,在发展集体经济合作社的过程中,坚持集体经济所有制性质不变、财务管理体制不变、权责功能不变,做到归属明晰、权责功能完整、流转顺畅、管理规范科学、高效率运营,在"确权确股、赋权活权"的原则下开展合作社股份合作制改革。

（11）2015 年 3 月 23 日，《中共中央国务院关于深化供销合作社综合改革的决定》中规定：拓展供销合作社的经营服务领域，履行为农业发展服务的职责，完善服务方式，提升农业现代化流通网络体系水平，打造城乡社区综合服务平台，稳步开展农村合作金融服务，推进供销合作社基层社改造。

（12）2015 年中共江苏省委、江苏省人民政府《关于深化供销合作社综合改革的意见》的文件指出：供销合作社是为农服务的合作经济组织，是推动农村经济社会发展的重要力量，为推进现代农业建设迈上新台阶，促进农民增收致富，推动农民全面小康建设，建成多层次的合作经济组织体系，建成高水平的为农服务体系，建成规范协调的管理指导体系，确保供销合作社治理能力显著增强。

（13）2016 年中央"一号文件"——中共中央国务院《关于落实发展新理念加快农业现代化实现全面小康目标的若干意见》中规定：鼓励发挥多种形式农业适度规模经营引领作用，以家庭经营为基础，积极培育家庭农场、专业大户、农民合作社、农业产业化龙头企业，发挥新型农业经营主体和服务主体在农业机械、科技成果应用、绿色发展、市场开拓方面的作用，推动经营主体营销贷款改革试点。发挥财政资金的引导作用撬动新型经营主体的生产性投入。

（14）2016年3月28日吉林省政府出台《关于大力发展电子商务加快培育经济新动力的实施意见》，明确提出支持供销社大力发展农业生产经营主体有效对接电子商务平台，实现产需信息对接，推动农产品及农资产品线下流通与线上营销互动发展。

（15）在诸多政府支持新型农民专业合作社发展的政策文件中，特别值得一提的是刚刚公布的2017年中央"一号文件"——《关于深入推进农业供给侧结构性改革，加快培育农业农村发展新动能的若干意见》。在这一中央的中央文件中，多次提到了有关政府鼓励、支持农民专业合作社的内容，这些内容包括：

①在文件有关"积极发展适度规模经营"的部分提到：加强农民合作社规范化建设，积极发展生产、供销、信用"三位一体"综合合作。总结推广农业生产全程社会化服务试点经验，扶持培育农机作业、农田灌排、统防统治、烘干仓储等经营性服务组织。支持供销、邮政、农机等系统发挥为农服务综合平台作用，促进传统农资流通网点向现代农资综合服务商转型。

②在文件有关"大力发展乡村休闲旅游产业"部分提到：鼓励农村集体经济组织创办乡村旅游合作社，或与社会资本联办乡村旅游企业。多渠道筹集建设资金，大力改善休闲农业、

乡村旅游、森林康养公共服务设施条件，在重点村优先实现宽带全覆盖。

③在文件有关"培育宜居宜业特色村镇"部分提到：打造"一村一品"升级版，发展各具特色的专业村。支持有条件的乡村建设以农民合作社为主要载体、让农民充分参与和受益，集循环农业、创意农业、农事体验于一体的田园综合体，通过农业综合开发、农村综合改革转移支付等渠道开展试点示范。

④在文件有关"强化农业科技推广"的部分提到：鼓励地方建立农科教产学研一体化农业技术推广联盟，支持农技推广人员与家庭农场、农民合作社、龙头企业开展技术合作。

⑤在文件关于"深化粮食等重要农产品价格形成机制和收储制度改革"部分特别指出要支持家庭农场、农民合作社科学储粮。

⑥在文件关于"加快农村金融创新"的部分提出要开展农民合作社内部信用合作试点，鼓励发展农业互助保险。

⑦在文件有关"统筹推进农村各项改革"的部分中特别强调要继续深化供销合作社综合改革，增强为农服务能力。

从对上述政府文件的梳理中不难看出，支持新型农民专业合作社的发展，不仅符合农民的利益、符合中国"三农"问题解决的正确方向，也是符合政府的经济社会总体布局谋划的。

二、近年来支持新型农民专业合作社的相关财税政策概述

作为政府的重要政策工具,财税政策的扶持构成农民专业合作经济组织能否健康、快速、规范化发展的重要外部环境。近年来,各级地方政府财税部门也不断推出相关政策,用以支持农民专业合作社的发展。本书将有代表性的若干规定梳理如下。

(1) 2008 年,财政部、国家税务总局下发了《关于农民专业合作社有关税收政策的通知》,明确了合作社增值税、印花税优惠政策:对农民专业合作社销售本社成员生产的农业产品,视同农业生产者销售自产农业产品免征增值税;增值税一般纳税人从农民专业合作社购进的免税农产品,可按 13% 的扣除率计算抵扣增值税进项税额;对农民专业合作社向本社成员销售的农膜、种子、种苗、化肥、农药、农机,免征增值税;对农民专业合作社与本社成员签订的农业产品和农业生产资料购销合同,免征印花税。

(2) 2009 年 10 月,广东省委办公厅、广东省人民政府办公厅《关于农村经济合作社股份合作制改革的意见(征求意见稿)》决定:各级组织、质监、财政、社保、国土、房管、税

务、城建、民政等有关部门要积极支持配合，按照各自职责，在组织机构代码办理、撤村建居、自治组织与集体经济组织分离、更换产权证中所有者名称、安排社区公共经费和村民社会保险经费、土地留用、建设项目审批、税费优惠等方面做好指导和服务工作，为推进农村集体经济组织股份合作制改革创造良好环境氛围。

（3）2010年1月29日，中共四川省委办公厅、四川省人民政府办公厅《关于进一步推进农民专业合作经济组织发展的意见》明确提出：加大财政扶持农民专业合作经济组织的力度。各级政府要安排一定数额的专项资金扶持农民专业合作经济组织发展。财政资金可通过以奖代补、重点支持、打捆支持等方式进行扶持。对民族地区、边远地区、贫困地区的农民专业合作经济组织和生产国家与社会急需的重要农产品的农民专业合作经济组织给予优先扶持。对农民专业合作经济组织用于基地建设和发展产业等方面的银行贷款，财政可按银行基准利率给予适当贴息补助。省财政每年安排一定资金，支持农民专业合作经济组织开展信息、培训、农产品质量认证、农业生产基础设施建设、市场营销和技术推广等服务。市（州）、县（市、区）财政要按照分级负责、齐抓共管的要求，安排专项资金投入农民专业合作经济组织建设。针对不同农民专业合作经济组织的建设内容，创新资金管理使用机制，提高资金使用效率。有关部门每年要对财政资金使用情况进行检查。

该文件中特别指出要落实税收优惠。对农民专业合作社从事农、林、牧、渔业项目所得，依法减征、免征企业所得税；对从事农业机耕、排灌、病虫害防治、植物保护、农牧保险及相关技术培训业务，家禽、牲畜、水生动物的配种和疾病防治项目取得的收入，免征营业税。对农民专业合作社销售本社成员生产的农业产品，视同农业生产者销售自产农业产品，免征增值税；增值税一般纳税人从农民专业合作社购进的免税农业产品，可按13%的扣除率计算抵扣增值税进项税额；对农民专业合作社向本社成员销售的农膜、种子、种苗、化肥、农药、农机，免征增值税。对农民专业合作社与本社成员签订的农业产品和农业生产资料购销合同，免征印花税。

（4）2010年7月5日安徽省人民政府《关于加快供销合作社改革发展的意见》指出：加强财税政策支持供销合作社改革，省级财政继续加大资金力度支持"新网工程"的建设，市、县财政也要有配套资金给予一定支持。支持供销合作社兴建农副产品批发市场，建设商品生产、深加工、供应基地和冷链物流仓储、加工企业，财政要用专项资金用来扶持和贷款贴息。如果供销合作社的本级企业要过户到联合社，则可以免收过户费。

（5）2010年黑龙江省人民政府《关于加快供销合作社改

革发展的实施意见》表示：全国供销合作社系统承担的新农村现代流通服务网络工程建设补贴资金从2007年起列入中央财政预算，从2009年起省财政已开始给予配套资金扶持，各级政府要结合本地实际情况予以支持。要重点扶持社有企业参与"万村千乡"和"双百"市场工程以及农超对接、家电下乡、以旧换新等工作。对符合《中华人民共和国农民专业合作社法》要求的供销合作社领办的农民专业合作社，各级涉农、财政部门应将其纳入扶持范围。对供销合作社系统缴纳城镇土地使用税和房产税确有困难的企业，可由企业向当地主管地税机关提出申请，按照减免税管理体制报批减免。各级金融机构要对供销合作社实施项目和开展经营业务给予信贷资金支持。要加大对供销合作社系统中长期项目贷款支持力度，保证农资、农副产品经营流动资金有效需求。

（6）2011年，广西壮族自治区人民政府《关于加快供销合作社改革发展的实施意见》规定：支持发展供销合作事业。各级人民政府要根据财力的实际情况逐步加大对供销合作社改革发展的投入，落实新农村现代流通网络工程建设配套专项资金。支持供销合作社社有企业积极利用农村物流服务体系发展专项资金、服务业发展专项资金、农业综合开发专项资金、中小商贸企业发展专项资金开拓农村市场。支持供销合作社农资企业承担化肥、农药等重要物资的淡季储备和救灾储备任务。

根据"分级储备、分级管理"的原则,各级人民政府要将储备所需的贴息资金纳入同级财政预算。供销合作社处置原有的国有建设用地或进行企业改制上缴的国有土地使用权出让收入都要上缴到国库,支出全部按照基金预算进行列支,除了按规定上缴中央和自治区留存部分外,其余用于支付合作社破产清算、企业改制后职工的生活安置费用以及农村基础设施条件的改善上。

该文件中进一步明确,用总体规划和城镇建设规划改变土地用途,兴办各类集贸批发市场、配送中心、物流仓库及相应商业住房建设项目,符合城镇化、旧房改造有关规定的,按规定享受相应的优惠待遇。对供销合作社相关企业纳税确实存在困难的,可以按规定申请房产税和城镇土地使用税的减免优惠。鼓励供销合作社系统的企业法人在满足市场准入条件的前提下参与组织建设村镇银行,支持供销合作社领办的农民专业合作社开展农村资金互助社和互助合作保险试点工作。

(7) 2013 年,江西省委省政府《关于加快农业农村转型发展推进城乡一体化的若干意见》指出:深入落实国家对农业专业合作社的扶持政策,引导财政投资项目投向符合条件的专业合作社,将国家补助形成的资产交给合作社运营管理,重点建设 1000 家示范专业合作社,鼓励合作社之间合作和联合,从生产劳动合作扩展到产业链的各个环节以及向跨专业合作延伸等，从本地合作扩展到跨地域合作。鼓励大学生村官、高校毕业生、返乡农民工领办、创办或加入合作社，教育培训合作社的带头人、经营管理人才、辅导员等，为合作社的建设和发展提供人才支撑，对于合作社的生产设施用地、附属设施用地按照农用地进行管理。

（8）2013 年，湖北省委"一号文件"《创新和完善农村体制机制、增强城乡发展一体化活力》中决定落实财政支农投入和补贴政策。明确将严格按照"总量持续增加、比例稳步提高"的要求，不断加大省级财政支农投入。严格落实国家对农民的各项补贴，坚持新增补贴资金向主产区、农民专业合作社、种养大户倾斜。积极争取国家专项经费补助。对已经出台的政策措施开展"回头看"，加强检查督办。

（9）2014 年，浙江省人民政府办公厅《关于全面开展村经济合作社股份合作制改革的意见》决定：认真落实财政政策对于农村集体经济的扶持，不断拓展财政支农项目和领域。加强用地支持，因地制宜实施农村土地征收村级留用地政策，优化税费政策，在对土地、房屋等权属变更时享受税收优惠，与农村股份合作社相关的物业项目税收减免，合作社通过公益性社会团体及县级以上的人民政府的捐赠支出，不超过年度利润的 12% 允许在计算应纳税所得额中扣除。

（10）2015 年中共江苏省委、江苏省人民政府《关于深化供销合作社综合改革的意见》指出：加大政策支持力度。省财政要大力支持农村现代流通网络工程建设，利用现有的资金渠道建设农业社会化服务惠农工程，加强财政投入资金的管理和审计监督，各市县政府要处理好供销合作社财务挂账、金融债务、社有企业职工社会保障等历史遗留问题。

（11）2015年，国家税务总局印发落实"三证合一"登记制度改革的通知，明确自2015年10月1日起，新设立农民专业合作社领取由工商行政管理部门核发加载法人和其他组织统一社会信用代码的营业执照后，无需再次进行税务登记，不再领取税务登记证，解决了长期以来存在的合作社"证照不一"的难题。

第二节

中国新型农民专业合作社财政支持政策成效与问题

一、中国新型农民专业合作经济组织财政支持政策成效

财税政策是政府进行经济宏观调控的主要工具，是社会发

展的重要杠杆，在农业经济运行中起着至关重要的作用，是促进现代农业构建与发展不可忽视的一股力量。其政策效果是其他经济社会政策无法替代的，这是因为：

首先，财税政策的制定以不干扰市场经济正常发展规律为前提，较少对农业基础性生产经营活动进行直接干预，充分体现对各农业经济主体自主性与逐利性的尊重。国家通过采取专项资金转移支付、税收优惠等多种形式的财税政策，实现资源在不同地区、产业及微观主体间的优化配置，从而达到提高农业生产效率和现代化水平的目的。

其次，财税政策是弥补市场失灵的有力工具。农业中广泛存在着农业科研、道路基础设施建设、农村医疗教育、农田水利设施和农业技术推广服务等极具公共性和正外部性的领域，鉴于成本、效率问题考量，这些领域的私人投资收益远低于社会收益，从而导致市场在对这一领域相关产品的提供进行调整时出现失灵现象，这种市场失灵就需要政府灵活运用财税政策手段调控。由财政承担提供具有外部性效应的牵涉范围广、资金规模大的农业物资，可以保证农业建设与发展资金的需要，不至于因市场失灵拖慢农业发展进程。

再次，财税政策促进了经济效率与社会公平二者的有机统一。财税政策体现的是政府的意志，政府在社会经济发展中着力于提高资源配置的效率和保障收入分配的公平合理，从而实现效率与公平的统一。通过积极有效的财税政策制定实施，可以引导农业资源在不同地区与不同产业间更为合理地流动，以达到更为有效的资源配置，从而实现资源配置的帕累托改进。同时，通过财政转移支付、所得税、财产税等制度设置与调节，进行社会财富的二次分配，协调缩减不同地区与不同收入人群间的收入差距，以达到实现社会公平的目的。

最后，财税政策对于转变固有的落后农业发展模式具有极佳的引导作用。完善的财税政策是各类经济主体参与农业发展的依据，对于转变固有的落后农业发展模式具有双重功效。一方面，优惠的财税政策面向运用现代化、高科技的农业生产、经营与管理方式进行农业发展的经济主体，可以为农业经济发展吸引良性有效投资，对转变固有落后农业发展模式起激励作用。另一方面，没有优惠的财税政策、甚至是惩治性的财税政策可以约束、促进各类经济主体逐步摒弃固有落后的生产、经营与管理模式。这两方面都体现出财税政策促动农业生产方式转变的效应，有利于建设更具竞争性的现代农业。

具体到我国财税政策支持新型农民专业合作社的成效来看，财税政策支持对于保障农民专业合作社健康发展、稳固乡村建设等方面更是起到了重要作用。

1. 保障了农民专业合作社的健康发展

当前，财政资金扶持农民专业合作社的范围主要集中在这些领域：开展专业技术的管理培训，引进新式品种，推广新兴技术，组织标准化生产，聘请专业人才，农产品粗加工、整理、储存和保鲜系列工序，农产品品牌打造与营销等。农民专业合作社在不同的发展阶段，对于政策的需求是有所差异的，需要配置不同的财税帮扶政策。具体来说：在农民专业合作社起步阶段，资金匮乏是其所面临的首要问题，财政资金应对成立初期的行政费用、开拓市场等前期费用进行补贴；在农民专业合作社发展的中期阶段，着力实施财政贴息政策，可以有效解决债务负担，缓解运营资金短缺压力；在农民专业合作社发生解散与破产清算情况时，将国家财政直接补助所形成的资产转移到专门的管理部门，用于支持其他农民专业合作经济组织的发展。总之，当前我国的农民专业合作社在资金筹集方面实力较弱，因为这个组织本身就是弱者而不是强者的组织，只有靠政府在财税政策方面给予大力的支持，完善税费减免机制，才能在不伤害同类组织的同时保障自身的发展。正是因为地方政府在其年度财政预算中有计划、有重点地安排财政资金对处于不同阶段的农民专业合作经济组织进行帮扶，保障了我国农民专业合作社的健康发展，截至 2016 年 10 月底全国依法登记的农民合作组织才能达到 174.9 万家之多，才能实现 2005 ~ 2016 年十一年间农民合作组织数量 11 倍的翻升。

2. 稳固了中国的乡村建设成果

资金短缺一直是制约农村经济发展的主要因素之一，财税政策对农民专业合作社进行扶持，有利于拓宽组织的融资渠道，并可利用税收、资金补贴等多种方式解决农民专业合作社发展过程中的资金需求，从而促进农村经济发展，带动农民收入的增长。同时，财税政策对农民专业合作社的大力支持，使得农民专业合作社的认可和支持度上升，调动了农户的生产积极性，提高了农户加入农民专业合作社的意愿，有助于合作社规模的扩大和组织机制的完善。政府部门的财税政策扶持完善了农业生产的基础设施建设，让农业在面向产业化、市场化的过程中提高了合作社自身的资金积累能力，有充足的资金进行特色农产品的生产与品牌口碑的打造，在加强农产品技术含量的同时提高了市场竞争力，使得合作社的盈利能力不断提升。农民专业合作社利润增长了，农民收入水平提高了，乡村建设才能更加稳固。一个典型的案例就是，江西农民专业合作社在江西省各级政府部门的财税政策扶持下，在发展速度和发展规模上都取得了巨大的进步，并通过实践因地制宜地创建出适合自身的发展模式。江西农民专业合作社近几年在带动农民增加收入、创建农产品品牌、构建农产品产业群、实现标准化生产、提高农产品竞争力和农业产业化水平等方面取得了显著的成效，稳固了乡村建设与发展。

从上述内容可以看出，财税政策作为政府调控宏观经济的主要手段之一，对保障农民专业合作社的健康发展起着举足轻重的作用。合适的财税政策能够促进农民在应对变幻莫测的市场环境时加强彼此间的互动与合作，提高合作社组织化程度及其市场竞争力，加强对农业科技产品的应用与推广。同时，积极的财税政策为我国农民专业合作社的发展营造了良好的制度环境。就目前的状况而言，我国政府对经济活动的参与范围较广，参与程度较深，农民专业合作社作为农民弱势群体的自发性组织，其健康发展离不开政府的引导和政策的帮扶。

3. 从法律层面确立了国家从财税角度支持新型农民专业合作社发展的责任和义务

政府的支持和保护是合作社发展不可缺少的外部条件，《中华人民共和国农民专业合作社法》第一章第八条规定："国家通过财政支持、税收优惠和金融、科技、人才的扶持以及产业政策引导等措施，促进农民专业合作社的发展"。并在第七章单独设立了扶持政策，包括财政政策和税收政策等。从法律上确立了对各级政府部门支持农民专业合作社的责任和义务，也从法律层次明确了政府对于农民专业合作社支持的合理性和必要性。

4. 财税的专项扶持，推动合作社增强合作经营服务的能力

财税政策支持既是农民专业合作社举办各种事业稳定的资金来源，也是政府通过合作经济组织落实有关政策、兴办公益事业的重要保障。实行支持农民专业合作社的财税政策，为合作社的发展营造良好政策环境，是深化农村经济体制改革、完善农业支持政策的必然要求，也是新形势下农业财政改革和创新的重要内容。近年来，各级财税部门选择了一些有发展潜力、条件较好、组织规范、带动力强的合作经济组织，通过项目的方式进行专项扶持，促进了合作社不断做大做强。

5. 通过建立财税扶持机制，解决了合作社发展存在的许多实际问题

与一般营利性企业相比，合作社的制度安排具有较强的反市场性，换言之，在一个完全遵守自由竞争机制的市场环境下，其制度安排处在市场机制失灵的边缘，对政府的扶持具有某种天然的倾向性。合作制度开始成为政府推行其经济或社会政策的有力工具，合作事业的首要目标是实现政府的社会经济政策，合作事业的发展也逐渐对政府产生了依赖。当前，各级领导高度重视，加强对合作社实际困难的调查研究，地方政府普遍采取政府搭台、合作组织唱戏方式，通过自办会展、外出参加会展、引进专家等形式，为合作社发展壮大创造条件；加强对干部群众合作能力的培养，让广大干群知道合作的游戏规则是什么，怎么合作才有效率，让合作社的领导人加强市场知识和市场开拓能力；加强政策指导，帮助合作社完善章程、健全管理制度，同时对刚起步的合作社，各级财政给予力所能及的支持，宣传部门宣传优秀合作带头人，宣传先进组织，营造合作社发展良好的舆论环境；督促农业、民政、工商、土地等有关部门积极参与，积极为合作社试点提供服务，特事特办等。这些做法都有效化解了合作社的实际问题。

6. 合作社生产服务设施建设明显加强，生产经营能力进一步提升

利用财政扶持金购置农业机械、初加工、储藏、运输、产品分级、产品检验等生产设备，或者进行设施农业、水利设施、培训场所建设等，直接改善了农民专业合作社的生产经营条件，促进了合作社生产经营能力的提升。同时，合作社通过财税扶持资金开展新品种培育或引进新品种，开展技术培训，使成员掌握新技术，促进了新品种改良和新技术的推广应用，从而提升了农业经济效益。

7. 合作社农产品品牌化和社会认知度进一步提高

国家对农民合作社的商标注册、品牌培育、营销产品、广告宣传等费用进行财税补贴，支持合作社开展标准化生产、品牌化经营，健全农产品质量可追溯体系，这些都有利于提高农产品品牌和社会认知度，这也必将对于农民专业合作社长期收益提供有效的帮助。

8. 规范了合作社的经营管理，加快了民主建设进程

国家通过财政政策、税收优惠政策等来支持农民合作社的发展，让农民切实从合作社的发展中享受到收益，增加了农民的收入，从而调动了农民办好合作社的热情。利用示范项目资金，合作社也可以不断加强内部结构治理，理顺理事会与成员的关系，明确理事长的权利与义务，开展技术培训和合作意识培训，合作社的凝聚力不断增强，成员之间的关系得以改善，逐步培养起互帮互助的合作意识和合作精神。

二、中国新型农民专业合作社财政支持政策存在的问题

财税政策支持农民专业合作社的成效有目共睹，但也不能

忽视现阶段财税政策支持具体实践中所存在的问题，只有正视问题才能解决问题，才能使得财税政策更直接有效地促进农民专业合作社的健康蓬勃发展。从我国中央及地方政府对农民专业合作社实施的财税政策中可以看出，在目前仍存在法律法规不完善、税收政策问题多、支出结构不合理、政策体系不健全、财政金融不配套、监督管理不到位等问题，这些问题的存在使财税扶持政策的实施效果大打折扣，需要引起相关部门的重视。

1. 相关法律法规不完善

《中华人民共和国农民专业合作社法》在第七章单独设立了扶持政策一章，包括财政政策和税收政策等，该章第五十条规定"中央和地方财政应当分别安排资金，支持农民专业合作社开展信息、培训、农产品质量标准与认证、农业生产基础设施建设、市场营销和技术推广等服务。对民族地区、边远地区和贫困地区的农民专业合作社及生产国家与社会急需的重要农产品的农民专业合作社给予优先扶持。"第五十二条规定"农民专业合作社享受国家规定的对农业生产、加工、流通、服务和其他涉农经济活动相应的税收优惠。支持农民专业合作社发展的其他税收优惠政策，由国务院规定。"从该法律条款中，可以看出国家财税政策对农民专业合作社的发展支持。但是，农民专业合作社仅仅是农民专业合作社的基本形式之一，因为法律法规的不完善，股份合作社与专业协会的存续没有法律依据。根据我国法律明文规定，农民专业合作社是在工商管理部门有备案登记的法人，但没有具体指出农民专业合作社是社团法人、合作法人还是企业法人。按照惯例，农民专业合作社应是企业法人身份，但其明显不同于市场上运营的普通企业，应被看作特殊的企业法人。如何对农民专业合作社的身份进行区分与确定需要工商部门制定出具体的登记细则加以规范。至于该性质的农民专业合作社是否可以享受财税政策给予非盈利组织的优惠规定，在法律条规上并不能得到明确答复，这就导致法人身份尚不明确的股份合作社与专业协会的生产经营活动在得不到法律的保护的同时也享受不了税收政策的优惠。

就中国实际来看，有近60%的农民专业合作社是没有去工商部门进行注册登记的，此种境况一方面由于合作社自身管理不足所导致，另一方面也没有相关法律规定工商部门肩负起登记的责任，使得农村合作社的正常运营与合法权益得不到法律的保障。正是因为法律法规的不完善，部分农民专业合作社运作机制不规范、组织形态不稳定，严重影响了这一农民合作经济组织更大程度与范围地发挥其积极作用。

2. 涉税政策存在较多的问题

目前我国税收扶持农民专业合作社政策不完善，对农民专业合作社的引导作用不强；各项税收政策对农民专业合作社设置不系统，实用性不强。针对农民专业合作社的税收政策存在问题较多，主要体现在合作社自办企业税收问题、合作社实际税收征管问题、农产品深加工与非农领域的税收问题三个方面。

（1）合作社自办企业的税收问题。

合作社自办企业的税收问题主要源于纳税主体界定不清。合作社作为享受优惠税收政策的纳税主体，若因发展需要创办成为公司法中所规定的进行独立核算的一般性工商企业，就不能享受合作社所能享受的税收优惠政策，甚至难以获取政府给予的人才培训、技术指导等支持，但选择作为一般性工商企业更有利于获得银行贷款支持，也更容易被消费者所认可；或选择自办公司内部化的形式以达到享受部分惠农政策的目的，但由于税务登记时无法对该类组织进行细化明确定位，部分税收减免政策可能无法落实到位，从而影响企业的进一步发展。

（2）合作社实际税收征管问题。

我国制定了一系列关于"三农"及农民专业合作社领域相关的税收优惠政策，但大多数为原则性内容，专门针对农民专业合作社而制定的税收优惠政策并不多，少数针对农民专业合作社制定的税收优惠政策的优惠幅度和范围也是差强人意。事实上，虽然对于农民专业合作社的扶持在一定程度上缺少法律法规的规定，但也有相当程度是由于农民专业合作社的界定不明确、财会制度不健全等原因导致扶持优惠政策无法顺利准确地落实下去，体现不出税收政策的针对性。同时，因为我国还未建立起统一的、适合农民专业合作社的税务工作操作管理流程，组织人员财税技能不高与征管要求过高也导致农民专业合作社无法享受到部分税收优惠政策。

（3）农产品深加工与非农领域的税收问题。

现阶段我国对于合作社的税收优惠政策主要在内部农产品销售、农产品初加工、农业技术等方面，对农产品深加工与非农领域没有给予足够的关注与重视，不利于合作社的未来发展。发达国家的有效实践经验表明，农产品深加工是实现农业增值的重要环节和手段，是农业发达程度的重要体现。在"农业不赚钱"的大环境思想浪潮与背景下，要转变此种形式必须重视农产品深加工环节，着力以此为突破口加快我国农业现代化、产业化进程。这就需要政府在农产品深加工与非农领域开展切实有效的税收支持活动。

（4）税收优惠力度不足、优惠范围过窄。

虽然国家和地方在推进农民专业合作社发展的过程中都制

定了相关的税收优惠政策，但是这些税收政策的优力度和范围过窄，对促进农民合作社发展的作用效果不大，不能够满足合作社日益发展的需要。税收优惠力度不大主要表现在它只规定了减免增值税、印花税等一小方面，却没有涉及其他税种的优惠，这无疑导致农民合作社在经营过程中还是需要承担其他多种的纳税义务。由于税收优惠力度和范围不够，合作社在发展过程中享受的优惠政策不够充分，一定程度上制约了合作社的发展壮大。

（5）税收优惠政策实施中困难重重。

一是合作社本身财务核算不健全。通常情况下，农民专业合作社中农民占成员总数的80%以上，受生活习惯、教育程度等影响，对财务核算缺乏起码的认识，认为只要有利于扩大经营、增加收入就行，有没有账本一样可以算清楚，聘会计还要增加支出，因此就不主动设置账簿进行会计核算。

二是税收优惠政策本身具有复杂性和歧义性。首先，对于一个纳税主体来说过于复杂，增值税有征有免，所得税也有征有免，同一项收入有征增值税不征所得税的，有征所得税不征增值税的，经营方式、经营范围的多样性与政策的复杂性叠加在一起，可操作性不强，理解上容易产生歧义，正确执行政策的难度非常大；其次，政策的规定有不合理、不公平的地方，大多数农民专业合作社是收购成员的自产农产品直接销售或经过简单加工后再销售，从事实上看是一种购销行为，按照现行所得税的规定应当征收所得税，而从事农作物种植，牲畜家禽饲养，农机作业维修等农、林、牧、渔业项目和农产品初加工项目的所得可以免征企业所得税，对农民专业合作经济组织和农民成员来说减少了收入，与国家支持农民专业合作社发展的目的相悖。

（6）税收管理不到位、税收优惠政策难落实。

虽然已成立的农民合作社数量不少，但由于部分合作社无经营实体，只在工商管理部门办理营业执照，没有生产、办公场地，不具备开业资格，造成相当数量的农民合作社游离于正常税收管理之外。同时在税收优惠政策的落实上，由于农民合作社发展不够成熟，税收优惠政策与合作社的业务工作不配套，税收优惠办理程序复杂等造成很多小的合作社没有真正享受到税收优惠。

3. 财政支出结构不合理

财税政策支持农民专业合作社的发展过程中，财政资金支出结构不尽合理，主要体现在资金分布与扶持力度两方面。

（1）财税扶持政策的目标群体瞄准过窄导致财政资金的公平性难以体现。合作社的健康发展离不开政府部门的辅助支持，合作社的级别层次越高所获得累积财政性资金和资源的支持越多，在国家"抓大合作社引导、促进整体农村合作经济发展"的指导思想下，占合作社数量比例较多的小规模合作社并没有享受到足够的财政支持。偏远的农村地区，由于研究追踪机制不健全，财政支持资金无法到位；西部地区农业市场化、产业化水平落后，大多数合作社人员素质偏低、经营规模偏小，为追求示范效应政府扶持偏向于"见效快"的大合作社，财政资金扶持的公平性难以体现。

（2）财政政策对农民专业合作社的扶持力度不够。我国农村合作社数量多、基础薄，加之有效供给不足，资金补助跟不上，需求缺口的扩大，扶持力度不足主要体现在三个方面：一是受市场万能和私有经济效率高的新自由主义思想影响，各级政府对于自身在发展农民专业合作社中的重要作用认识不清，办事力度不足；二是在扶持农民专业合作社的社会实践中，只想通过扶持发展较好的大企业带动农业经济发展，对急需支持与帮助的通过艰苦工作组织起的弱势农户合作组织缺乏关注和扶持力度；三是部分政府部门没有贯彻全心全意为人民服务的宗旨，沉迷官僚作风与享乐主义，工作仅仅浮于表面，政府扶持不能落实到位。正是因为上述现象的存在导致政府财政政策对农民专业合作社的扶持力度不足，农民专业合作社赖以生存的外部发展环境长期得不到改善与提高。

4. 财税支持政策体系不完善、不连贯

2004 年中央"一号文件"明确提出要求，各级财政资金要对农民专业合作经济组织给予支持，随后财政部建立起专门的"农民专业合作经济组织发展资金"，部分省市也相继建立起财政专项资金，这一态势在《农民专业合作社法》颁发之后得到进一步加强，但遗憾的是，经过十几年的时间，至今完善的财税政策支持体系尚未构建成功，财税扶持政策依然深陷零散化、不连贯、不完善的窘境。

首先，尽管各级政府已经发布多个文件明确了鼓励与支持农民专业合作社发展的财税优惠政策措施，但仍存在支持力度不够和税收优惠政策落实不到位的问题。这一问题具体表现在以下 4 个方面。

（1）虽然法律规定了针对农民专业合作组织的财政政策，但依然缺乏与之配套的具体措施和实施细则。财税政策中体现的更多的是地方领导人的意志，这样的政策没有以法律法规等形式确立下来，具有很大的不确定性，会导致各级财政专项资金的投入规模差距较大，与当地发展水平和地方政府财力不配套。而就现有的促进农民专业合作社发展的财税政策来看，条款名目较多，理顺这些条款对于诞生于乡村、成员文化水平普遍不高的农民专业合作社

无疑是一大难题。

（2）各省、市、县都要求共同支持农民专业合作经济组织的发展，但具体支持多少、有何责任和权力，却没有明确；各种政策细碎化，各级地方政府难以协调，政策的随机性强。尽管政府连续下发文件，强调并制定了扶持发展农民专业合作社的相关政策，但扶持力度还有待进一步提高，尤其是市、县两级，具体的、可操作性强的扶持政策很少。相关部门多数没有做出反应，也没有出台相应的配套政策，致使农民专业合作社依然存在登记门槛高、资金紧缺、贷款难、公共服务缺位，技术供给不足等问题。

（3）尽管中央2004年、2005年连续两个"一号文件"都明确了针对农民专业合作社发展的财税优惠政策，提出中央与地方政府共同支持其发展，但具体到中央、地方各支持多少、担负哪些责任、拥有哪些权力都没有明确下来；各种细碎化的政策使得地方政府难以协调把握，政策随机性较大。2006年《农民专业合作社法》中规定的合作社登记不收费，2008年财政部、国家税务总局农民专业合作社有关税收政策的通知出台，2010年中国银监会、农业部关于做好农民专业合作社金融服务工作的意见下发，该系列政策时间跨度为四年，且政出多门，不利于消息接收不灵通的农民专业合作经济组织运用好国家扶持政策。部分职能部门虽被要求提供农民专业合作社以支持便利，但由于其上级主管部门的配套文件较为原则化，实际中不便操作。完善的财税政策支持体系尚未构建成功，财税扶持政策零散化、不连贯、不完善给农民专业合作社享受国家优惠政策带来极大的不便。

（4）尽管许多地方政府已从供销社的改革、专业技术协会发展完善等方面发文对农民专业合作经济组织的发展进行了指导，提出了原则要求，但因缺乏整体的要求和有力的扶持措施，未引起重视，加之缺乏舆论导向、培训引导、扶持帮助等配套的具体措施，一些基层干部和广大农村对农民专业合作经济组织基础知识知之甚少，一些基层组织和行政管理部门还习惯于以行政手段推动工作，包办代替，干预过多。可见，未来政府部门应该争取把农民专业合作社专项资金持续化、制度化，对专项资金的额度、增长幅度加以明确，制定完善的专项资金使用制度、管理办法，提高专项资金的使用效率，确保把专项资金用足、用好。

此外，由于政府对发展合作组织的支持政策起步晚，对相关政策的统一规划和配套研究还不够，导致政策不到位、不全面，没有形成制度性的量化的扶持标准，没有形成全面的扶持政策，相关的配套措施不完善，这些都给合作社的发展带来了不少的困扰。

5. 财税支持政策的制定和执行受到多方面制约

一是关于农民专业合作社的相关法律规范不够明确。从作者对合作社实际发展状况的调研了解到的情况看，有近60%的农民专业合作经济组织没有进行登记，没有获得法人身份，这既与其自身的管理组织状况有关，也与目前仍没有相关法律让工商部门负责登记有关。这种情况致使农民专业合作社在经营资格、银行贷款、税收抵扣、商标注册等方面都不同程度地遇到了困难。一些合作社为了解决对外交往问题，不得已又去注册"公司"，对内以"协会"、"合作社"名义活动，对外以"公司"身份出现，造成发展和管理上的混乱。在进行登记的合作社中，有的是在民政部门登记，获得了"社团法人"的身份，有的是在工商部门进行登记，获得了"企业法人"身份，与合作社发展的"合作社"法人地位不相符合。由于法律规定的缺失，一些合作社运作不规范，组织形态不稳定，这也导致了政府在推进合作社发展过程中经常碰到无法可依的困境。

二是相关专业人才、知识和经验普遍不足。目前"三缺"已成为农民专业合作社发展的"瓶颈"。新型农民专业合作社是新生事物，全国处在探索阶段。各级业务部门缺乏专业人才，合作组织缺乏有实践经验、合作理论、市场知识的牵头人，农民缺乏合作知识。导致政府的政策意图执行过程中受到扭曲，不能很好实现政策效果。

三是部分基层政府部门干预或介入不当。政府部门对合作社的干预较大，农民的民主参与权被剥夺。从长远来看，政府的过分参与很容易造成"诺斯悖论"，即一方面国家的参与有助于合作社节省组织成本，促进合作社的变迁；另一方面国家权力又是个人权利的最大和最危险的侵略者，因此，当合作社发展到一定程度，政府要从直接参与中逐步退出，而注重从外部环境方面为合作社的发展创造条件，减低其创新成本。

6. 财税政策过分注重"短、平、快"的扶持手段，不利于合作社的长远发展

政府的扶持政策涉及公共资源的分配，这必然要涉及政府财税扶持政策的效率问题。虽然每种扶持手段都可以达到一定的目标，但同时也是有成本的。在政府扶持项目的选择上，原则上应当选择扶持资金成本低、收益高的项目。目前许多省份采用通过评比、审查等手段在诸多合作社中选择合适的对象进行重点扶持的方式，主要原因在于这种方法简单易行，不需要大量的前期制度性的准备工作。目前多数合作社会将接受到的财政补贴资金主要用在基础设施建设方面，如建设办公场地、购买办公设施、合作社差旅费等，而将财政资金真正用于申请项目的则很少，这对带动社员增加收入效果甚微。加之不少合

作社民主制度不健全，较少召开社员大会，社员对财政补贴资金的数额及使用方向并不了解，无法很好地监督资金使用情况，导致财政资金的实际使用效果不佳。从不同的扶持手段的成本角度看，投资于合作社知识的宣传以及合作社人才的培养可能是成本更低，社会收益更高的扶持手段。因此，尽管短期内用于宣传和教育工作的财政资金不能取得立竿见影的效果，也不能因此忽视其重要性。可以预见，只有当真正具有合作意识和精神的农民越来越多的时候，合作社的发展才会有稳固的基础。

7. 对于财税支持资金的监督不到位

由于农民专业合作社具有民办、民管、民受益的"三民"性质，体现了国家"三农"工作的方针政策，所以要把该项目的监管当作财政支农工作的一项阳光工程来抓。目前普遍存在的问题是，农民专业合作社在接受财税支持资金后，具体用于合作社建设的哪些方面，取得了哪些成绩，带动农村增加多少收入，以及运用这些资金的项目收益如何，财政部门在拨付资金后没有进行跟踪监督，致使资金的使用效率不高，没有把有限的资金使用到最需要的地方。产生这样后果的原因是多方面的：

首先，社员对接受补贴的项目多数不知情。目前合作经济组织的社员民主参与程度不高，社员的知情权和参与权没有充分发挥，很多合作社的大事小事都是合作社带头人说了算。社员对合作社的运营情况不够了解，只是按照领导的安排做事。

其次，各地政府部门在补贴资金拨付后，即没有建立项目的激励机制和风险防范机制，也没有对项目实施的全过程进行验收、评估，导致部分资金被转移使用方向，没有发挥资金应有的作用。

最后，当地的农工办和上级财政部门对财政补贴资金的使用情况没有进行监督检查。资金的申请机制本来就不规范，又没有相关部门审计监督，无法保证财政支持合作社的资金有效发挥作用，更无法对支持农民专业合作社的财政资金做出绩效评价。

8. 目前财税扶持资金规模和结构尚存在一些问题

首先，资金投入量不足，资金分配不均。随着农民专业合作社的发展规模逐步扩大，所需的资金支持也逐渐增多，但是当前国家财政支持农民合作社发展的专项资金与合作社实际需求尚有很大差距。从资金扶持数量来看，政府对合作社的投入基数还是偏小的，惠及范围不够全面，所以很难形成规模经济。从扶持领域来看，财政扶持资金主要用于合作社的规范化建设和生产经营能力的提高，用于壮大合作社发展的贷款贴息，农业担保等金融信贷扶持和农业保险保障扶持的资金很少，扶持资金分配不均衡。

其次，资金分配和管理体系有待改善。我国财政体系是多级层层下放，要经过由中央拨付到省、省拨付到市、市拨付到县、最后县拨付到合作社的多个环节，这种财政管理体系导致很多财政扶持资金在拨付的过程中被滞留或挪用，到了基层就所剩无几了。另外，这种管理体系导致的资金下达时间长，无法及时解决基层急需资金问题。同时，下级政府在上报数据的过程中存在虚报、错报等现象，无法真实反映农民合作社存在的问题，很难判断扶持资金使用效果的好坏。

最后，在不同的经济发展阶段，应当不断调整政策扶持的重点，方能发挥财税政策的最佳功效。总体上来说，当前政府的公共服务重点应当是为合作社提供注册登记便利、基础设施建设服务、改善资金供给、经营和财会人才培养、协调与各部门的关系等，而为合作社提供信贷支持、加快合作金融体系建设应成为政府今后工作的重中之重。

第六章

农民专业合作社财政支持
政策国际经验借鉴

　　正如前面章节中所提到的，世界上许多国家都对农民专业合作社的积极作用给予了高度的肯定和重视，政府部门也从多个角度对这一农民经济组织加以扶持，其中，财税政策作为重要的政府宏观调控工具，自然得到了充分的应用。这些政策对于农民专业合作社的发展起到了很好的引导和帮助作用，本章将列举一些典型做法，以期为中国的新型农民合作社发展提供经验借鉴。

第一节

欧盟国家农民专业合作社财税支持政策

一、税收支持政策

欧盟各国政府对合作社及社员的收入普遍给予特殊的低税、减税或免税的优惠，这些优惠政策中，有 3 点是需要特别强调的。

1. 严格限制可以享受税收优惠的合作社资格

总的来说，各国都严格规定合作社的目标和宗旨是为了成员的共同利益而对成员提供服务，不以营利为目的。为了保证合作社不背离其宗旨，都会采用一些指标来衡量合作社是否按其宗旨进行经营。这些指标的确定各国略有不同，一般主要包括以下六个方面：第一，一般要求一人一票平均拥有决策权而不是按投资额多寡进行决策；第二，一般要求收益权根据惠顾额返还而不是按投资额返还；第三，一般要求只能是社员内部交易或者明确限定非社员交易所占的比率；第四，一般有社员的最低数量要求以保证其代表性以及成员参与多家合作社的限制条件；第五，限制合作社的经营范围只能是农产品生产、销售和加工；第六，部分要求更为严格的国家还要求合作社利润不能分配，只能用于组织发展；等等。而对于那些不符合合作社宗旨的或不符合上述相关条件的合作社规定不能享受优惠，或者享受优惠的范围和程度有所降低。如法国，如果农民合作社只与社员进行业务往来，并遵循合作社原则为社员提供服务的可享受免税，反之，若合作社与非社员发生业务往来，则按33%的税率缴纳所得税，其余业务收入免税。

2. 对合作社的税收优惠力度普遍较大

欧盟大多数国家对合作社的税收优惠力度很大，有的还实行税收全免。如法国、意大利等国家分别对合作社法人所得税、社员来自合作社的收入的个人所得税、自用生产资料的进口税、关税、合作社的一切证书、文件、证据的登记税、印花税、销售税、营业税等给予各种特殊优惠。如法国政府规定：农业供应和采购合作社以及农产品的生产、加工、贮藏和销售合作社及其联盟，免缴相对于生产净值35%～38%的公司税；牲畜人工授精和农业物资合作社及其联盟免缴注册税；谷物合作社及其联盟免缴一切登记、印花税，不动产税按行业减半征收；对于销售组合，在创办后3年内给予财政津贴，优先提供资助。再如意大利合作社立法的修正法律案有关合作社的新法规第 11 条第 9 款规定，个人支付给为促进合作社发展所设立的互利基金的资金是免税的，且可以从个人应税所得中扣除，最高扣除额为应税收入的 3%。意大利对合作社社员的股金红利免征地方所得税，但也同时规定红利率不得高于法定利率；对合作社从纯盈利中提留的不少于 20% 的储备金免征合作社所得税；对农业合作社饲料的 1/4 以上为本社社员生产的，其饲养业收入免征法人所得税和地方所得税；小型渔业合作社免征法人所得税和地方所得税；对合作社免征登记税；对合作社免征不动产税。同样的，德国政府对合作社用税后利润进行投资的部分也采用免征所得税的政策。而西班牙政府则采用差别税率的方式进行优惠。对农民合作社作为独立法人征收 20% 的公司所得税，而一般企业的公司所得税税率为 35%。

3. 侧重对咨询、研究人员的税收优惠

以法国为例，"技术咨询补贴"是法国政府鼓励农民专业合作社接受技术咨询服务的重要措施，其补贴额度相对于全部企业咨询费的 30%。法国政府还创立了研究人员补贴制度，适用对象是 10 人以下的农民专业合作社，政府补贴额度相当于一个研究人员一年经费的 20%。对研究人员到农民专业合作社任职超过 10 年者，还可获得红利补贴。此外，包括法国、荷兰和丹麦等的多个欧盟国家，每年都会通过农业合作院系培养

大批农民合作经济管理人员。值得一提的是,尽管法国农民合作社的税收优惠待遇多年来一直受到私人企业的反对与抵制,但法国政府始终坚持对合作社的减免税政策不动摇。

因此,欧盟国家对于农民专业合作社的税收优惠政策总结起来有两个共同点:

(1)从历史趋势来看,欧盟各国政府对于农民专业合作社的优惠政策都有逐渐从全面优惠走向定向优惠的趋势。

(2)对农民专业合作社中属于非营利的组织给予更优惠的税收待遇,可以免除大多数税费,而且在捐赠方面的税收也可以享受减免。

二、财政支持政策

在财政支持政策方面,欧盟各国对于农民专业合作社的支持呈现两个典型特征。

1. 财政优惠政策和措施多样化

财政优惠政策和措施主要包括直接和间接两种方式。这些优惠措施都十分全面。其中,直接措施包括专项支出、直接补贴、提供担保、入股并按股票份额参与管理等。间接措施有通过合作金融为合作社提供贷款和通过合作社发放惠农贷款等。

2. 财政部门为合作社提供多种服务

财政部门为支持合作社发展，在合作社的成立及业务发展的各个环节都提供大量帮助，如认购合作社股份、分担管理费用、分担固定资产投资费用、提供贷款和提供服务等。

（1）财政资金分担合作社的管理费用。如德国政府由财政补贴合作社的管理费用，第一、二、三年补贴额分别占费用总额的60%、40%、20%。德国政府对合作社的补贴占到全部财政支农补贴额的12%。再如法国政府对于创办的合作社给予投资津贴，作为一部分的启动资金。

（2）财政资金分担合作社固定资产投资。如果合作社新建农产品加工厂，新建厂房投资的50%将来自欧盟无偿的农业补贴，同时本国政府还能额外提供部分补贴。通过"绿箱"政策，欧盟国家在农田改造、农业技术支持、农民培训、农业环境保护等方面为合作社提供大量的财政支持。

（3）财政资金直接补贴合作社。如意大利国有能源部门向合作社提供的用油价比城市低50%，农业用电价格比非农业用电价低三分之一。又如德国巴伐利亚州每年州政府对农业各类投资和补贴约20亿马克，其中10%用于支持各类合作组织。再如20世纪60年代，法国通过制定《农业指导法》，规定将国家对农业的扶持资金大部分用于扶持农业合作社，以鼓励合作社发展。这些都是欧盟国家通过财政资金直接对合作社加以扶持补贴的典型案例。

（4）财政全部或部分垫付农民专业合作社的初始股本金。欧盟各国在农村信用合作社发展初期，往往由财政垫付全部初始股本金。如法国政府会对对于合作社及农业经营者发放的中长期利率贷款给予财政贴息，息金是由农业部中央财政预算统一列支，以此分担部分农民专业合作社发展初期的股本金。

（5）财政为农民专业合作社提供贷款优惠政策。国家对于农民进行如兴修水利、平整土地、构建农业设施、调整产业结构等符合国家政策导向的行为，经由合作金融给予财政资助。如在法国，在山区和经济条件差的合作社，可享受年利率 3.45%，最长期限可达 12 年的优惠贷款；在平原地区，合作社可以享受最长贷款期限可为 9 年，年利率 4.7% 的优惠贷款；优惠利率与普通利率之差由政府补贴。再如德国，政府支持信贷合作社向农民提供低息贷款，且无论土地是否耕种，农民都可以按耕地面积每年得到每公顷 374 欧元的补贴，并且规定每年有 10% 的耕地休耕，以改善土地质量，对于经营规模在 250 万欧元以下的农户，贷款贴息可以得到1% ~ 1.5% 的优惠。

除了为农民专业合作社提供多样的财税优惠政策外，值得注意的是欧盟各国政府对于农民专业合作社的财税支持政策还有另外两个突出的特点。

一是特别关注财政资金的使用效率的监管，确保这些优惠政策的效应可以得到最大限度的发挥。以法国政府为例，政府专门成立了农村合作经济监管部门。规定由审计局对合作社成立的资质进行审查；财政部的税务稽查部门负责对合作社会员与非会员间的交易情况进行监督审查；法国总理与部长设立私人办公室，对行业管理组织和农民自发性组织的利益关系进行协调以防止过度的不良竞争；单独成立"全法最高农业发展指导委员会"来发挥对于农业各部门和组织进行协调、监督和引导作用。

二是支持农业互助保险事业。如法国政府对于参保的农户给予保费补贴，农民只需要交纳保费的20%～50%，其余由财政资金补贴[60]；保险集团的运行管理经费及基金如出现赤字，则会得到政府的赤字补贴，国家每年都会列支保险预算，给予不少于保费总额的20%、不超过50%的补贴；政府还会资助科研院所支持进行农业风险的科学研究；对于符合条件的农业保险机构的资本、存款、收入和财产等免征各种赋税。

第二节

美国农民专业合作社财税支持政策

一、合作社立法

　　美国对于合作社的支持开始于合作社立总统法，通过相关法律承认合作社的合法性地位。美国政府四年一届，总统换人，同时也任命不同的农业部长。为了避免政府官员更迭对于农民专业合作社支持政策的影响，美国政府注意用法律的形式确立政府对合作社的扶持政策，以保证政策的延续性。联邦有关合作社的法律优惠条款分散于相关的法律中。

　　早在20世纪20年代，美国国会通过了卡帕—沃尔斯坦德法（Capper—Volstead Act，1922），承认农业生产者在自愿的基础上为共同利益结成协会的权利，并为他们提供有限的反托拉斯豁免。1954年的 Section 521 of the Internal Revenue Code 法案对农业合作社享受不正当竞争保护待遇、优惠的税收待遇提出了条件。如：非合作社社员的交易额不得超过合作社总交易额的50%，与非农的合作社成员的交易额不得超过总交易额的15%，在支付社员8%的股息和留存合理的资本储备金后，合作社净收入全部返还社员等，对规范农业合作社的发展方向起到了重要作用。

1926 年"合作社销售法"（Cooperative Marketing Act）进一步为合作社提供了反托拉斯豁免条款。该法允许农户和联邦农户合作社体系的不同层级之间交换价格和其他市场信息，并在美国农业部中设立了一个专门的部门，负责指导研究、收集统计数据、提供技术援助、开发教育资料以及帮助生产者对组织新的合作社产生兴趣，所有的一切都旨在帮助农户通过集体行动改善收入。

1937 年"农业营销协定法"（Agricultural Marketing Agreements Act）批准了农民通过合作社组织起来，通过集体行动，增强行业自律，该法为合作社建立自我销售秩序提供了法律支持，如奶业合作社可以按照所有奶业生产者的使用情况来统一牛奶价格，通过管理仓储、研究、促销项目去规范产品，以更加有秩序的方式进入到市场。

另一项重要的立法是"农业公平交易法"（Agricultural Fair Practices Act of 1967），它承认了农民自愿地共同加入合作社组织的需要，并宣称对于此权利的干预是违反公共利益的。它建立了交易者在交易农产品中所需要的公平交易的六项标准。除了再一次地肯定了多年来对于农民集体行动的政策支持外，该法还批准了生产者可以通过他们的协会商议定价。根据形式需要，2002 年《农业法案》美国（Farm Bill）进一步引导农业合作社发展高附加值的农业。

二、税收优惠政策

在 1951 年以前的半个多世纪里，美国合作社一直享受着免税待遇，仅对社员的分配所得直接征收个人所得税。1951 年税法改变了普遍给予农民合作社豁免权的做法，规定了减免税的条件：规定只有取得税法豁免资格的合作社才具有赋税减免待遇。美国联邦政府和各州的税收制度，都充分考虑到农业生产的特殊性，对与农业相关的税收予以一定的照顾，如对合作社及其会员实行单一税制，不重复征税，减轻税收负担；对收入的某些部分采取税前扣除的办法；1916 年对销售合作社和采购合作社实行税收豁免，不征收任何税收，之后又采取税收减免的方式进行优惠；通过税法规定合作社的免税使用规则和所得税的计免办法，合作社主要享受所得税优惠。1990 年首次通过的《合作税则》，对农民合作社的净收入通常按照单一税制原则征税，即，或按合作社企业征税，或按社员户征税，而不对两者均征税。这一规定的适用对象是公司性质的农业合作社，对以互助为基础而从事经营活动的农业和园艺协会实行免税。单独征税意味着合作社业务的盈余如果分配给他们的惠顾者，则不向合作社征税，这样，美国合作社纳税平均只有工商企业的1/3左右。这些规则的基础是承认合作社经营原则是向用户——所有者按照成本价提供服务。同时还规定合作社有义务向那些少量的非社员生产者支付惠顾额，它可以按照向社员生产者支付惠顾额的相同数量标准执行。如果有证据显示合作社一直坚持这样做，那么，合作社将免于承受美国国税局终止合作社开展一些不是以惠顾者为来源的经营活动的风险，按照联邦和州有关经营实体一级的税法规定，对于净收入超过30万美元的合作社，非惠顾者来源的经营活动可以达40％。

三、财政支持政策

在政府对农业的直接补贴限度规定日益严格的形势下，发达国家普遍开始通过财政支持农民合作社发展的形式来实现对农业的补贴，美国也不例外。美国的农业财政补贴每年高达数百亿美元，其中会单独设立专项财政资金用于补助新建农业合作社和改善原有合作社的功能。早在1996年，美国联邦政府用于农业合作社和农村社区发展的总投资金额就高达20亿美元；[58]为鼓励农产品深加工，对农产品加工增值部分予以补助；合作社可以根据自身情况主动申请财政资金用于保持农业就业机会及农村环境清洁项目的实施；申请财政资金规划建设农村社区，完善基础设施建设，促进社区可持续发展；申请财政资金用于农村社区经济规划和企业技术研发的援助与人员培训的专项补助。

财政补贴的内容主要包括收入补贴、价格支持、差额补贴、水土保持、灾害援助及其他。早在 20 世纪 80 年代，美国仅建立农业保障基金联邦政府就拨出 1500 亿美元。补贴的目的主要是支持农业生产，增加农场主的收入，由于大部分农场主都加入到合作社，政府对农业的财政补贴实际上就是对农民专业合作社的补贴。

美国政府每年都会拨给各种农业合作社巨额的财政资金用于对农业补贴和资金支持。如美国政府每年补贴美国鸡肉协会 2000 万美元用于开拓国际市场，其中就有 200 万美元用于开拓中国市场。另外，美国政府还经常从财政上专门拨出经费对其合作社成员进行培训以及对合作社进行加工业务补贴。美国政府对农业合作社的财政补贴，一方面巧妙地规避了政府干预市场的嫌疑，另一方面又规避了将补贴交给政府机构运作的无效性。

目前美国政府针对合作社的直接补贴资金支持的项目只有三个：一是成立一个援助中心，支持新合作社的发展以吸引更多的外部资金。联邦政府每年给援助中心拨款 25 万美元。二是补贴公共事业合作社，如农村电话合作社、农村电力供应合作社由政府提供直接补助、贷款，促进其发展。美国农业部的农村电气化管理局专门设立了电气化贷款和保证贷款，美国的电气化农场中大约有一半是由农村电力合作社供电，农村电力合作社覆盖了美国 46 个州。三是提供贷款担保，政府通过政府基金对合作社进行贷款担保，最高担保额占合作社贷款的80%；运作方式是政府与商业银行签合同；商业银行与农户签合同；该贷款的适用范围广泛，只要用于合作社成员发展业务即可，因此对农民非常有吸引力。

第三节

日、韩农民专业合作社财税支持政策

日本和韩国的农民合作社都简称农协，农协的经营活动旨在为合作社社员服务，不以盈利为目的。日本和韩国政府也都对农协实行了各种财税支持政策。

一、税收优惠政策

1. 享受比其他类型的纳税人更低的税率

（1）法人税。日本一般企业税率是 35.5%，农协则仅为

27%；韩国农协法人税率为25%，而其他公司为28%.

（2）各种地方税。农协的法人税在扣除12%研究费用后按照22%的税率征税（一般企业为30%），[59]对农协按照会员的投资份额进行剩余额的分配不纳税；农用地及设施用地地价减半以后再计税。

（3）合作社的证券、存折、销售款收据、与农户签订的合同享受免征印花税的优惠政策，合作社内部合并调整以及抵押权、所有权转移登记都免征印花税；所得税上，农协享受39%的优惠税率，而一般企业的税率则为62%[60]。

2. 赋予农协一些特定的税收豁免权

如日本政府规定日本农协中央会免交法人税、印花税；韩国农产品加工和农用油供应免税，合作社和中央会就其事业及财产免交除国家和地方自治团体租税外的附加金。

二、财政扶持政策

可以说，在发达国家中，给予农民合作社财政支持力度最大的非日本莫属。"二战"后，因农户贫困、资金短缺、经营不善和市场竞争等原因，许多农协被迫停业，为此，政府发放了数十亿日元的补助金和贴息贷款，帮助农协改善经营条件。

同时对农协举办并获得政府批准的农产品加工项目的厂房、设备所需投资，政府补贴 50%，并减免税费 10% 左右；日本政府每年拨出巨额专款用于培训合作社所需的各类专门人才；日本政府每年农林预算约 3.5 兆日元，其中约 7000 亿日元是通过农协实施的。如京都山城农协茶叶加工厂，总投资为 8211.2 亿日元，其中中央政府无偿补助为 3587.4 万日元，京都政府补助 358.7 万日元；再如很长一段时间里，日本大米政策性收购都是委托农协经营。日本农协与政府间建立了一种相互依赖和相互利用的关系，并在调解政府政策和农民利益关系中发挥了巨大作用。

日本政府规定：对农业基础设施建设进行补贴。大型水利中央农协直接投资，小型水利给予 80%～90% 的补贴，农业基础设施建设包括水利工程的建设以及农田的扩充、丘块地的整形等；补助农业现代化设备。如农机具、蔬菜大棚、养殖场房等，中央补贴 50%，地方补贴 25%；[61] 农业贷款利息补贴，采取"高储低贷"的政策；设立风险基金，实行价格保护，采取稳定价格制度、最低价格制度和差价补贴制度；补贴农业经营性与会员生产性共同利用设施，包括仓储、加工、耕作和烘焙等；政府对于合作社的运作和办公设备也会给予财政补助；对于合作社接受政府委托办理事项的手续费也会给予补助；政府也会补贴贫困偏远山区的农业发展；设立农业保险基金，帮助农户规避灾害等不可抗力风险，政府与合作社共同出资各占50%，政府可以实现对农户85%的赔偿份额。[62]

同样，韩国农协法也规定，国家各部门都要积极支持农协业务的开展，并将政府及其他公用设施优先提供农协使用；韩国政府对建设农产品经营和加工设施给予补贴，国家对农民购买农业机械实行补贴，通过农协以半价供应给农户；政府大米收购计划也委托农协进行，对差价给优惠补助；政府扶持农业资金由农协发放并负责收回，政府付给农协1%的手续费，如汉城良才洞物流中心，总投资为2100亿韩元，其中建筑物投资的600亿韩元中，国库补助400亿韩元。此外，韩国政府的支农支出中很多用于基础设施建设和农业结构调整方面；低价供应农资，高买低卖，发放农资补贴，保证农民对于农业的持续投入；大力支持农业的机械化运作，在购机环节给予价格的10%~50%的财政补贴和优惠贷款，在使用农机环节，对于农机用油、技术培训和农机修理给予补贴，免除农民使用农机的后顾之忧；对于粮食价格支持采用价格双轨制，高价购入低价卖出，稳定粮食价格，维护农民经济利益。

可见，无论是日本还是韩国，只要农协经营设施和业务符合政府的政策方向，政府就予以补助。但是应当看到，日韩政府支持的不是农协这一组织，而是支持农协这项事业，旨在充分利用农协这条渠道，通过农协促进农村经济的发展，改善农民的生产和生活条件，帮助和促进农业的良性发展。支持农协归根到底是支持农业、农村和农民，这些财税扶持政策都以及取得了显著的成效，以韩国为例，近年来韩国农民收入已经可以达到城市居民收入的85%左右。

第四节

国外农民专业合作社财税支持政策的
经验借鉴

美国每两个农户平均参加2.6个合作社，法国、荷兰90%以上的农民加入了合作社。丹麦98%的农民都是合作社的会员，每个农户均参加3.6个合作社。日本、韩国参加农协的农民也达到了90%以上。即便是在非洲的一些国家，入社的农民也占到农业人口的10%~30%。这些数据都足以说明，中国农民专业合作社的发育水平不仅与发达国家存在相当大的差距，与发展中国家也有很大差距。造成这一差距的原因固然是多样的，但是不可否认，政府财税支持政策的不足，是其中的重要原因，从国外政府对农民专业合作社的财税扶持经验中可以得到很多值得借鉴的地方。

一、从税收优惠政策角度来看

1. 注重从立法层次明确税收支持

各国注重从立法层次明确对农民专业合作社的税收支持，而且一般由较高层次的立法机关制定。如：美国早在 20 世纪 20 年代，"卡帕—沃尔斯坦德法"、"合作社销售法"为合作社提供了反托拉斯豁免条款。1954 年的 "*Section 521 of the Internal Revenue Code*" 法案对农业合作社享受不正当竞争保护待遇、优惠的税收待遇提出了条件。1990 年首次通过的《合作税则》，由联邦税法规定对从合作社取得收入的个人规定了只交纳一次税，避免了双重纳税。又如英国早在 1895 年就颁布了世界上第一部合作社专门法——《英国产业经济合作法》。此外，德国、瑞士、意大利等国家也都从本国实际出发，制定、颁布了合作社的法律法规。西方国家关于合作社的立法主要有两种形式：一种是订立专门的合作社法和适用于特定类型合作社单独的合作社法。另一种是在其他同类企业法规中制定关于合作社的专门条款或章节。无论哪种形式，都说明合作社在社会经济活动中的合法权益和相应权益受到国际法律保护。合作社立法为西方国家对合作社进行财税扶持提供了重要的法律依据。同时，国家对合作社的法律支持，具有极大的明确性和强制性，在很大程度上协调了国家和合作社之间的关系，为合作社的发展创造了必要的内部条件和外部环境。

2. 税收政策广泛惠及各类合作社

税收政策不仅惠及生产合作社，也广泛适用于供销合作社、保险合作社等，即同一税种普遍适用于所有合作社纳税义务人。如日本1900年颁布《产业组合法》，该法适用购销、信用等各类合作社，一直是日本的合作社基本法，1947年又颁布了《农业协同组合法》，并在20世纪60年代又进行了重新修订，同样规定对多种类型的农协进行优惠扶持。

3. 注重多种税收政策搭配使用

各国都同时使用了低税政策和税收豁免，所得税、法人税、各种地方税配套使用，使对合作社的税收优惠实施力度更大，为合作社提供更加宽松的外部环境。如法国的关税、印花税、销售税、营业税等都对合作社给予各种特殊优惠。多年来，日本政府对农协一直实行低税制，如所得税一般股份公司要缴纳62%而农协只缴39%；法人税，一般企业要缴纳35.5%，农协只缴纳27%；各种地方税，一般企业要缴纳50%~60%，农协只缴纳43%。同时，日本政府还对农业保险给予大量援助。

4. 在税收政策的制定中注重消除重复征税现象

国外农民专业合作社的所得税优惠，着力避免合作社与其社员就同一所得重复征税。一般来说，外国政府主要采用四种模式来克服这种重复课税：一是合作社免交所得税，而由社员按其分配所得交纳个人所得税；二是合作社交纳所得税，社员也交纳个人所得税，但是，对于与社员交易形成并返还给社员的盈余，合作社仍可免税，只由社员交纳个人所得税；三是合作社免交所得税，仅由社员交纳个人所得税，但是，如果合作社与非社员的交易超过一定比例，则要对合作社全部盈余征收所得税；四是合作社交纳法人税，社员也交纳个人所得税，但合作社的纳税税率低于其他普通法人，即已经考虑社员的分配所得还要交纳个人所得税的事实。

二、从财政政策支持角度来看

1. 从直接和间接两个方面对农民专业合作社进行支持

其中直接措施包括专项支出、直接补贴、提供担保、入股并按股票份额参与管理等；间接措施包括通过合作金融为合作社提供贷款和通过合作社发放惠农贷款等。如欧盟中的德国财政资金分担合作社管理费用，新建合作社前三年的管理费用，财政分别补贴管理费用的60%、40%、20%，以促进合作社的发展壮大。法国政府对合作社购买农业机械设备加工农产品给予一定比例的资金支持。这样保证了所有合作社社员都能享受到政府财政提供的补贴资金，实现了公平目标。在间接支持措施方面，法国政府通过合作金融给予合作社财政资助，对合作社贷款实行优惠利率，贷款期限较长，优惠利率与普通利率之间的差额由政府补贴。这样做既可以保证农村公共品的充分提供，满足生产需要，又要求合作社在发展中需要还本付息，避免产生其过度依赖财政补贴资金的问题。

2. 构建规范的财政政策机制对合作社加以扶持

发达国家大多从法律层次明确对农民专业合作社的支持。如早在20世纪60年代，法国通过制定《农业指导法》，将国家对农业的扶持资金大部分用于扶持农业合作社，以鼓励合作社的发展。在当前对农业的补贴限制日益严格的情况下，美国政府通过支持合作的形式支持合作社的发展，其机制比较规范。另外美国政府通过培训合作社成员的形式扶持合作社发展，这样巧妙地避开了政府干预市场的嫌疑，同时又避开了将补贴资金交给政府部门的低效率。因此，为了提高财政援助资金的使用效率，维护市场竞争的公平和公正以及激励合作社有效发挥作用，减轻社会负担，在我国农民专业合作社分布广、财力匮乏、经费少的情况下，利用财税政策来扶持其发展就不可能"撒胡椒面"，必须集中财力，对农民专业合作社采取差别财税政策，做到扶持机制规范有效，只有那些按照合作社的基本规定建立和运作的合作组织才应该得到财政资金的支持。政府在指导、扶持、管理合作社的过程中，不能无限制地把行政干预扩张到合作社的内部事务，一定要明确政府干预的界限。对合作社的政策倾斜应该以不损害市场竞争的公平、公正为标准，不应该以损害市场经济秩序和其他经济组织的发展为代价来促进合作自治发展。同时，政府的财政资金援助应该根据资金的不同用途，采用不同的办法规范进行。

3. 财政补贴的力度普遍较大，补贴范围较宽

正如上面所介绍的那样，在发达国家中，日本政府是对农民专业合作社财政支持力度最大的。"二战"后，政府发放了数十亿日元的补助金和贴息贷款，使得农协能够专注于农业科研、经营、管理，并对农协举办政府同意的农产品加工项目的厂房设备进行补贴，帮助农协改善经营条件。另外日本政府每年拨出巨额专款用于培训合作社专门人才。与日本政府的做法相类似，美国政府每年也会拨给农业合作社巨额补贴资金，以

支持合作社开拓国际市场等其他业务。

4. 加强对农民专业合作社的监管和服务

首先，建立监督管理体系。由于大多数农民专业合作社成员缺乏经营管理的经验，难以对农民专业合作社进行有效的监督。西方国家的政府除了给予合作社财政支持外，还要对农民专业合作社活动进行引导和监督。如：德国在全国范围内建立了合作社审计制度，审计的内容包括合作社的经营状况、内外部关系等。美国农业部合作局每年都要对合作社的业务情况进行定期考核。我国也应该借鉴国外经验，在对合作社财政支持外，对农民专业合作社进行引导，监督其会计和财务状况，以及合作社的经营状况等。

其次，设置专门的机构负责为农民专业合作社提供服务。建立一个自立、强大的合作社工作部门，作为政府和合作社的中介，起沟通作用。美国农业部中设有负责合作社事物的专门机构，这些机构的职能作用随着合作社的发展而进行相应的调整，逐步由为农场主合作社提供销售服务转向为其提供管理和技术等服务。日本中央政府的农林水产省及地方政府的农林水产局均设有农业协同组合科，专门负责农协的管理和指导。这些专门管理机构的设置使政府对农民专业合作社的管理更加规范，从而促进了其发展。

他山之石，可以攻玉，从对国外政府对于农民专业合作社的财税支持政策经验和借鉴的梳理中可以看出，目前我国政府对于农民专业合作社的重视程度还远远不够，由此也体现在财税支持政策上存在诸多欠缺，这些都是目前亟待解决的问题。

第七章

中国新型农民专业合作社
财政支持政策建议

第一节

支持新型农民专业合作社的财税政策
必须坚持四个准则

总体来说，发展农民专业合作社，要坚持以邓小平理论和"三个代表"重要思想为指导，全面落实党的十八大精神，紧紧围绕建设好社会主义新农村这一重大历史任务，坚持以家庭承包经营为基础，坚持农民自愿民主，典型示范引导，多种形式发展的原则，努力提高农业的组织化、专业化、规模化、现代化程度，推进农村经济社会全面发展。

一、坚持稳定家庭联产承包责任制

家庭承包经营是中国农村的一项基本经济制度，早在中共中央《关于制定国民经济和社会发展第十一个五年规划》中就明确指出，要"稳定并完善以家庭承包经营为基础、统分结合的双层经营体制，有条件的地方可根据自愿、有偿的原则依法流转土地承包经营权，发展多种形式的适度规模经营"。到2017年，中共中央又发布《中共中央关于制定国民经济和社会发展第十三个五年规划纲要》，继续提出：维护进城落户农民土地承包权、宅基地使用权、集体收益分配权，支持引导其依法自愿有偿转让上述权益。可见，农民土地承包经营权是农民的一项重要权益，同样，家庭经营最适合农业生产，可以容纳多层次的生产力，与农业现代化并不矛盾。

因此，发展新型农民专业合作社，必须建立在农户家庭承包经营制度的基础上，尊重农民家庭承包经营自主权和财产所有权，尊重农民的首创精神，在产权清晰的前提下，通过互助合作发挥家庭承包经营的潜力。实践证明，发展农民专业合作社，只有不改变农户的土地承包经营权和农民的财产所有权，切实按照合作制的基本原则，规范内部章程，完善经营机制，提供有效服务，才能够帮助成员增加收入，才能得到越来越多的农民的信赖和参与，才能受到农民的广泛欢迎。

二、坚持遵循市场经济规律

农民专业合作社是市场经济的产物，而市场经济的实质就是通过价值规律来调节生产，达到资源的最优配置，进而实现效益最大化。党的十八届三中全会特别提出：要让市场在资源配置领域发挥决定性作用和更好发挥政府作用。这就是说，在资源配置领域，首先要遵循市场经济规律，尊重市场机制，只有在市场失灵或有缺陷的领域，政府才可以进行弥补和调控，这也是公共财政的理论核心所在。作为国家治理的基础和支柱的财政，其支持农民专业合作社是对市场资源的有效调节和干预，目的是为了优化资源配置，提高要素的使用效益。因此，必须首先强调发挥市场机制在这一领域中的决定作用，发挥农户市场主体的作用，充分尊重农户的生产经营自主权。政府切不可将合作社纳入自己的行政体系之内，过度干预合作社的内部事务；更不可将合作社的经济活动视为自己财政收入的一项来源，占有、平调合作社的资产，要始终明确发展农民专业合作社的根本目的是富裕农民这一宗旨。在促进农民专业合作社发展过程中，必须坚持这一正确方向。政府部门在合作社发展的具体指导上要坚持"引导而不强迫，支持而不干预，参与而不包办"的宗旨。要充分尊重客观经济规律和农民意愿，不能靠行政手段，搞强迫命令，必须遵循自上而下的推动与自下而上的努力相结合的原则。政府应在政策允许的范围内，帮助合作社以较小的代价获取各类生产要素及销售其生产的产品，政府的有关机构应主动给合作社提供各种服务，政策上给予一定的优惠，从而使合作社能在经济上逐渐自立。切忌用行政指挥的办法盲目上项目、铺摊子，以行政手段代替市场调控，罔顾市场经济的内在发展规律。

三、坚持因地制宜，分类指导，注重实效

我国地域辽阔，自然条件千差万别，资源分布极不均衡，农业生产门类不同，各地经济和社会发展水平差异很大，这些都决定了农民专业合作社的发展不可能是同一个模式、按同一个标准进行的。必须考虑不同地区、不同产业、不同发展阶段的特点和实际，循序渐进地推进。不同的农民专业合作社要结合本地区的实际情况，因地制宜，科学指导，不能划定模式，照搬照抄，搞形式主义。在合作社形式的选择上，既可以积极引导成员以入股形式成立经济实体，也可以采取协会形成松散半松散的合作；既可以在本地、本行业范围内开展合作与联合，也可以跨地域、跨所有制开展合作与联合。力求符合本地区

实际情况和农民自身的水平，使有本地区特色的农民合作社在繁荣农村经济、建设现代农业、促进农民增收中发挥更大作用。

四、坚持合作社的基本精神，创新合作社的形式

发展合作经济，坚持农民自愿民主的原则，关键在于提高农民民主管理意识和合作、互助、自立精神，没有必要简单重复传统的合作社原则。20 世纪 50 年代实施的农业合作化运动事实证明，由国家强制推行的农民合作化运动总体上是失败的，越来越不适应现代市场竞争的环境。为了适应市场经济环境的变化，国外合作社内部制度安排越来越呈现灵活和多变的态势。如，一些合作社中，投票权是按照交易量分配，而不是一人一票。对投资的利息没有限制，按股分红与按交易额分红的比例由代表大会或董事会来定；合作社成员资格不开放，按经济规模组织生产和吸收成员，但生产限额和成员资格可以交易等等。总体来说，传统的以自我服务为主的合作社，为适应市场竞争不断加剧的压力，正在转向从事越来越多的开放型的经营服务，甚至逐步走向企业化、股份化。在合作社内部建立民主管理机制，实行民主管理、民主决策、民主监督，充分保障成员对组织内部各项事务的知情权、决策权和参与权，按照加入自愿、退出自由、民主管理、盈余返还的原则，依法在其

章程规定的范围内开展农业生产经营和服务活动，通过合作经营和服务获取更高经济效益，增加成员收入，使农民真正得到实惠，才能使得农民专业合作社具有更强的生命力。

第二节

加大税收对新型农民专业合作社的优惠力度

鉴于目前我国农民专业合作社尚处于初始阶段，其对社会经济的作用尚未全面发挥出来，采取激励性的税收优惠政策鼓励和扶持农民专业合作社发展就显得十分必要了。在众多中央有关支持农民专业合作社的文件中，就给予农民专业合作社财税支持加以强调的代表性文件有两个：一是 2006 年中央"一号文件"——《中共中央、国务院关于推进社会主义新农村建设的若干意见》，这一文件特别在 2004 年、2005 年两个"一号文件"的基础上进一步提出："积极引导和扶持农民发展各类专业合作社，加快立法进程，加大扶持力度，建立有利于农民专业合作社发展的信贷、财税和登记制度。"二是刚刚公布的 2017 年中央"一号文件"——《关于深入推进农业供给侧结构性改革，加快培育农业农村发展新动能的若干意见》，多次提到政府应该鼓励、扶持农民专业合作社的发展，这些文件进一步为税收支持农民专业合作社发展提供了政策依据。税收政策作为国家对市场经济实施宏观调控的一种重要的经济杠杆，在发展农民专业合作社方面有得天独厚的优势，因而，政府应落实和完善各项税收优惠政策，尽可能减轻新型农民专业合作社及其社员的税负水平，促进新型农民专业合作社健康持续地发展壮大。当前阶段，可以从下面五个方面进行。

一、推行免税资格认定制

当前我国农民专业合作社在登记注册和享受税收优惠中存在诸多障碍，如纳税主体地位不明确、"用票难"、申报手续繁琐等，其原因在于农民专业合作社实行业务主管单位和税务登记管理机关"双重管理"的体制。为了有效克服这一困难，作者建议可以以非营利组织监管委员会实施登记制和由税务部门实施免税资格独立认证制相结合的方式加以解决。

1. 注册登记机关

比较合理可行的方式是，由非营利组织监管委员会办理注册登记手续，侧重对农民经济合作组织进行合法性考察。

2. 由税务部门严格审批其免税资格申请

在税收管理中实行普遍税务登记制度、专用票证体系和使用专门的纳税申报表的模式。涉及对农民专业合作社的免税资格认定的问题，西方发达国家一般采取由税务机关核准认定和登记自动获取这两种方法。但由于我国农民专业合作社的登记、管理机关和税务机关之间的信息沟通存在制度性的障碍，采取税务机关核准认定的方法更有利于征管。农民专业合作社应按期向当地税务机关进行纳税登记，并申请免税资格认定（目前我国相关法律只规定，从事经营活动的工商户有此义务）。免税资格的获取应至少符合以下条件：一是公益性的，而非互惠性或营利性的；二是具备公益法人资格；三是全部资产及其增值为公益法人所有，而非个人所有；四是不分配利润；五是在终止或解散时，其剩余财产只能用于公益事业。

3. 重视对合作社的纳税监督

获得农民专业合作社免税资格的组织可以享有免税的权利，但需定期进行纳税申报并接受相应的考核，农民专业合作社的非免税项目还应依法纳税。

二、对农民专业合作社营利性活动与非营利性活动采取差别化税收政策

农民专业合作社的非营利性并不意味着其不能进行任何收

费或者不能开展可以赚取利润的活动，而只是表示农民专业合作社取得的财产不能简单分配给会员，而是要用于公益事业，即农民专业合作社要将取得的利润用于满足成员的需要、为成员提供服务。随着市场经济的进一步发展，农民专业合作社向市场化转型，筹资方式多样化和商业活动相应增多。事实上，政府财政拨款、社会募捐、项目资金、资助、服务性费用等都是农民专业合作社经费的来源。

我国应借鉴国际成熟做法，对农民专业合作社的活动予以区别对待：对农民专业合作社向全社会或特定群体无偿提供服务、福利的活动实行免税；对农民专业合作社与其他受益人虽存在金钱或其他利益的给付现象，但受益人的给付与获益有对应关系的活动，免征各税；对农民专业合作社与受益人存在服务售卖关系的活动，视同企业的生产经营活动征税；对农民专业合作社资产的保值增值活动（资产运营行为）征税。具体对农民专业合作社开展配套设施建设，如供水、饮水、基础设施改善、交通条件和农村电网的投入等，实行必要的增值税和企业所得税减免。农民专业合作社创办农业科技示范基地、发展花卉苗木和从事农产品收购等需要临时用地的，可由村集体经济组织按照自愿、有偿的原则，采取租赁、入股等形式予以解决。同时，在耕地占用税、房产税和契税方面给予优惠照顾。对取得法人资格、有一定生产经营规模和出口实力的农民专业合作社实施出口退税政策，以促进其拓展国外市场。鼓励各类人才参加、创办各类农民专业合作社。农业科技人员经批准到农民专业合作社任职、兼职或担任技术顾问，或从事农业技术开发、技术承包、技术服务的，允许其按贡献大小取得相应报酬并免征个人所得税。为了防止农民专业合作社的税收优惠政策被滥用，应规定农民专业合作社从事营利性和非营利性目的的活动实行财务分开，否则按经营性组织征税。

为了防止农民专业合作社的控制人利用农民专业合作社逃、避税或瓜分农民专业合作社的利润，税法还应从以下方面进行规制：①防止农民专业合作社与营利企业利用关联交易转移利润；②限制农民专业合作社的管理人员的收入水平，防止管理人员瓜分利润；③规定农民专业合作社的慈善支出比例，保证其公益性的宗旨不被偏离；④限制农民专业合作社从事高风险商业活动，保证农民专业合作社的财务安全。

三、加大对弱势群体组成的农民专业合作社的优惠力度

1. 加大对重点环节和重点合作社的税收优惠力度

要充分考虑到农民专业合作社及其提供的服务具有准公共

物品性质，给予减免税收的优惠政策，如对合作社为农业生产的产前、产中、产后提供技术服务或劳务所得的收入免征所得税；新成立的专业合作社三年内可免征各种税等，从而鼓励农民自发成立专业合作社。对于从事农产品分等分级、整理包装、加贴品牌商标等简单加工和销售的农民专业合作社，可以免征增值税。对农民专业合作社社员的股息、红利等资金收益也可免征个人所得税，鼓励社员积极参与合作社的管理。

2. 注重发挥税收优惠政策的引导作用

可以利用税收政策引导合作社的发展方向，如对将业务延伸到加工环节的农民专业合作社，给予所得税及进口设备税收减免等优惠政策，引导合作社从事农产品深加工业务；对于农民专业合作社出口的农产品，给予全额退税等，鼓励合作社扩大销售范围，增强市场竞争力。

3. 多种税收优惠政策并行

国家对农业产业化中龙头企业和其他涉农服务组织给予了很多税收优惠政策，这些政策都应该适用于农民专业合作社。建议把国家对农民专业合作社的所有优惠政策整理成册，便于农民专业合作社查用。

四、不断完善农民专业合作社接受捐赠的税收优惠制度

按照国际惯例，对于公益性的农民专业合作社，由于其公益性的本质属性，不仅其本身应享有免税待遇，而且向其捐赠的纳税人也应依法享受税收扣除的优惠待遇。而准公益性农民专业合作社，其本身可以享受免税待遇，但向其捐赠的纳税人则依法不能享受税收扣除的优惠待遇。因此，凡向税务机关所认可的公益性农民专业合作社捐赠，其行为均可享受相应的税收优惠，并且从鼓励社会各界关心和支持农民专业合作社的健康发展角度看，可以实行按捐赠额全额扣除的办法。考虑到政府财力的限制，短期内可以将捐赠的税收抵扣限额提高到年应税收入（所得）的50%。通过给予纳税人公益救济性捐赠所得税税前扣除优惠，来促进农民专业合作社事业的发展。

我国个人所得税的捐赠抵扣额度一般为30%，全额抵扣的捐赠项目非常有限，这大大限制了社会力量投身于农民专业合作社事业的热情。纵观世界上许多国家和地区，其捐赠免税比例都是较高的。如，美国1969年税法沿用至今，对于捐赠的免税比例是个人30%，公司11%；在加拿大，纳税人一年能

申报的慈善捐款额不能超过当年的个人税后收入的75%；英国《遗产税法》有关免税扣除的规定中，对慈善捐赠免税，对国家公益性事业免税，对以土地、建筑物、艺术品等财产为公共利益而作的捐赠免税；我国台湾地区"所得税法"第三十六条规定，对于教育、文化、公益、慈善捐赠，营利事业所得税每年最高抵税额度为所得总额的10%。可见，我们可以借鉴相关国家和地区的先进经验，提高公益、救济性捐赠的税前抵扣额度，以鼓励社会力量积极捐赠，特别是提高单次捐赠的数额。全面落实法律法规关于自然人、法人或者其他组织自愿无偿为农民专业合作社捐赠财产按规定享受个人所得税、企业所得税方面的优惠政策；境外向农民专业合作社捐赠的用于公益事业的物资，依照法律、行政法规的规定减征或者免征进口关税和进口环节的增值税，以充分发挥税收政策的引导作用。

五、加快构建适宜我国农民专业合作社发展的税收优惠法律制度

由于我国农民专业合作社出现较晚，现行合作社税收优惠法律制度缺陷，使得我国农民专业合作社的发展壮大面临税收优惠法律的迫切需求。应该说《农民专业合作社法》的通过及

正式实施为构建适宜我国农民专业合作社发展的税收优惠法律制度提供了巨大的助推力和契机。当前我们应该借鉴国际先进经验，充分考虑我国农民专业合作社的公益性和非公益性、营利性和非营利性交织现状，按其所提供服务的性质划分为纯公益性农民专业合作社和准公益性农民专业合作社。具体地说，对纯公益性的农民专业合作社的应当全免税；对一般公益性农民专业合作社的非营利性行为免税，对其营利性行为征税。本着分类指导，区别对待的原则，积极构建、完善我国合作社税收优惠法律制度。

1. 立法权限

应主要由中央立法机关制定合作社的税收优惠法规，以增加优惠政策的权威性和统一性，保证税收优惠真正得到贯彻落实。

2. 立法体例

合作社的税收优惠可以采取合作社法和税法相结合的立法体例，即在合作社法中概括地规定政府对各类合作社给予税收优惠，在税法中以具体条款的形式，规定税收优惠的具体内容、实施方案等。之所以如此，是因为合作社法侧重于合作社的组织建设，而合作社的税收优惠则不仅涉及所得税、增值税等多税种,而且各税种的税基计算方法、适用税率、扣除项目等又各不相同,特别是在各税种尚且分别立法的情况下,采取合作社法和税法相结合的方式,既符合国外立法惯例,又有利于两者分工协作。

3. 立法方式

在规定免税主体、免税客体的范围时,应尽量采取列举和概括相结合的方式,对纯公益性农民专业合作社应当完全免税;对一般公益性农民专业合作社的非营利性行为免税,对其营利性行为征税。

第三节

进一步加大对新型农民专业合作社的财政支持力度

财政资金扶持农民专业合作社主要应做好两个方面的工作:一方面是培养农民专业合作社的带动力。农民专业合作社为社员提供了哪些服务,财政资金就可以扶持哪些环节。另一方面是培育农民专业合作社的市场竞争力。过去合作社侧重强调合作精神,对市场竞争能力要求不高。现在市场经济条件下的合作社除了注重成员的团结合作精神之外,在市场竞争中,农民专业合作社更需要不断壮大经济实力，才能为成员提供更多的服务，谋取更多的利益。在当前对于新型农民专业合作社已有的财政支持政策基础上，未来仍需要进一步加大对这一组织的财政扶持力度。

一、要进一步提高对财政扶持农民专业合作社重要性的认识

要使财政资金在发展农民专业合作社中发挥更大的作用，必须充分认识到发展合作社与财政扶持农民专业合作社的重要性。

首先，自从我国加入 WTO 以后，农村一家一户的小农经济与发达国家的大农场、大型农业公司及其形成的训练有素、协调有方的全国性行业协会相比，无疑是处于劣势。农民专业合作社的创新和发展，既可以防止同行业之间的恶性竞争，又有利于建立稳定的产销关系，更有利于我国农产品在市场化的国际竞争中发展强大。作为宏观经济调控主体的政府，在不违反国际原则的前提下，给予这一组织更多的财政支持，无疑是符合国家的整体经济战略规划的。

其次，农民专业合作社在批量集中销售农产品或购入生产资料时，能够提高农民在市场谈判中的有利地位，争取以理想

的价格销售农产品，从而增加农民收入。同时，农民专业合作社在为农户购入生产资料时，也可以批量购买，从而能够争取较为优惠的价格，降低生产成本。这些都会有效改善农民这一弱势群体的经济状况，而政府财政政策的一项重要内容也是改善社会收入分配状况，不断优化我国收入分配的基尼系数指标，可见，对农民专业合作社进行财政支持，是符合政府收入分配目标的。

最后，必须明确财税政策支持农民专业合作社是财政支农的一部分，是财政支农的落脚点。农民专业合作社作为连接农户与市场的有效中介，对于带动农民增收发挥着重要作用，政府支持农民专业合作社的发展实质上就是支持"三农"发展，其作为财政支农的一个有效载体和桥梁，对于提高财政支农资金的有效性发挥着积极的作用。政府部门，特别是财政部门，要切实解决思想观念问题，消除重集体、轻个体、重公有、轻民营的投资思想。要充分认识到提高农民收入、实现全面小康的目标，单靠家庭联产承包制、一家一户的个体经营是无法办到的。必须有各种适应市场经济规律的创新组织，把农民组织起来，走产业化发展道路。财政部门密切关注和大力支持农民专业合作社的创新和发展，是使财政支农政策落实到实处的重要途径。

二、要更加细化财政扶持农民专业合作社的政策措施

财政扶持农民专业合作社，主要有两种形式：一是政策扶持，二是资金扶持。在政策扶持方面，主要是工商和税务部门要依法对农民专业合作社在税费征收上实行减免政策。在资金扶持方面，解决农民专业合作社建设所需资金问题，总的指导思想是立足于社会总财力，引导各方面的资金投入，坚持国家、集体、个人相结合的原则。从财政的角度看，建立起以农民投入为主体、财政投入为导向、社会投入为补充，多渠道、多元化筹措资金。要充分利用财政支农资金和农业综合开发资金，发挥中央和地方各级财政的扶持作用，坚持有效使用和积极引导的原则，对于不同的合作社采取不同的扶持政策。这里必须明确三个问题：一是明确优先扶持对象。对于覆盖面广、经营规模大、带动能力强的较大型农民专业合作社要优先扶持。二是明确重点扶持对象。对于由农村经纪能人创办和领办的组织制度严密、专业性强、影响力大的个体合作社，要实行重点扶持。三是明确主要扶持对象。对于发展前景好、具备市场潜力的新办合作社，要作为财政扶持的主要对象。在财政资金扶持农民专业合作社的政策安排上，可以重点考虑从以下6

个渠道加以推进。

1. 财政资金应适当分担农民专业合作社的管理费用

农民专业合作社作为连接农民与市场的桥梁，作为一种准公共品而存在，它为农民提供信息咨询和技术支持等服务，政府部门理应补贴其管理费用，降低合作社的运行成本，以便合作社能够为农民提供更优质的服务，满足农民社员的需求。应当着重改变目前合作社提供服务的数量和质量不能满足农民需要的状态。支持实施有利于农民专业合作社巩固和发展的设施性项目，推动农民专业合作社有效扩张，提高服务能力。支持农民专业合作社与科研机构合作，系列开发农产品，提高加工深度和产品档次，增加附加值，进而迅速拉动农民收入的增长。

2. 财政资金适度分担农民专业合作社固定资产投资

近年来，我国农业机械投入不断增加，农机装备总量持续增长，农机作业水平不断提高，但相对于现代农业建设对农机服务的需求而言，农机社会化服务总体水平偏低，迫切需要发展农机专业合作社等社会化服务组织。随着农业产前资料采购、运输和产后加工、流通服务的普遍发展，农民专业合作社专用基础设施不足的矛盾日益突出，在继续增加国有基础设施投资的同时，政府支持农民专业合作社中的大中型基础设施的投资，不仅有必要而且相当紧迫。财政部门要协同有关部门，共同帮助农民专业合作社搞好规划，给予必要的支持，尽可能地帮助其解决资金不足问题。

当前情况下，应当着重解决几个方面的问题：一是要加大政策扶持力度，推动农机专业合作社快速发展。农机购置补贴资金、优粮工程现代农机装备推进项目，水稻、玉米、油菜等机械化试点示范项目要向农机专业合作社倾斜，不断提高合作社自身服务功能；二是要在推进合作社建设示范项目中，把农机示范建设列入其中，并在农机重点区域给予重点支持；三是要减免农机专业合作社驾驶操作人员的培训费、驾驶考试和工本费、年审年检费，减免拖拉机、联合收割机牌证费和年度安全检验费。在此基础上，不断实现新型农民专业合作社固定资产的更新换代，以便使其更好地适应经济社会发展的需要。

3. 部分财政资金可以直接补贴农民专业合作社

我国农业生产以家庭承包经营为主要形式，农业生产水平低，生产条件多样，人均耕地少，农业机械化水平低，经营规模就相应比较小。如果由农民完全承担农民专业合作社的制度创新成本，农民对合作社的需求程度就很低，我国的农民专业合作社就很难得到快速的发展。为了稳定和提高农民收入，减少政策调整给农民带来损失，政府不应该仅仅通过对农产品收购进行间接的价格补贴使农民受益，而应在符合 WTO 对于财政补贴规定的框架内，积极探索对农民专业合作社进行直接补贴的方式。直接补贴方式具有补贴方式直接、操作简便易行、收益面广、公开透明、政策成本较低等特点。从而真正实现"工业反哺农业"的要求。

建议在县级以上财政部门设立扶持农民专业合作社的专项资金，支持农民专业合作社开展信息、培训、农产品质量标准与认证、农业生产基础设施建设、市场营销和技术推广等活动。对农民专业合作社的生产经营和科技推广项目，经论证筛选后，可纳入政府开发和科技开发项目，实行专项扶持。政府还可以通过合作社实施"绿箱"政策，将对农业的保护政策直接施惠于合作社，通过农民专业合作社实施农业科研的推广、技术培训、环境保护给予食物安全补贴等，合法地保护和支持农业的发展。例如，用于为推广成立规范合作社而举行的培训活动经费、对农民专业合作社贷款贴息、通过合作社开展农业技术推广的费用、扶持农民专业合作社开发新产品、更新加工设备、改善服务设施、为农民专业合作社创造有效的贷款担保机制等。对农民专业合作社及其成员的生产性基础设施建设和设备购置、农业生产资料供应、农产品购销和出口应给予适当补贴。对组织用于发展农产品仓储、保鲜、加工、营销等方面的贷款，要给予贴息扶持。

当然，农民专业合作社在经济上也不能过分依赖于财政的资助，财政资金扶持的目的是让农民专业合作社逐步长大，走上自我发展的道路。因此，对农民专业合作社的财政资金扶持方式和方法，也应随着实践的发展不断改进，逐步提高财政资金的使用效率。

4. 财政资金应当更加关注农业技术推广服务体系建设

健全的农业技术推广服务体系，是依靠科技振兴农业、发展农民专业合作社是主要依托力量。目前，我国农业技术推广还处于一个很低水平的阶段。据有关部门统计，我国农技推广率目前只有30%，远远低于国外70%~80%的水平；农业科技因素在农业增产中的份额仅为33%，比国外平均水平低十几个百分点。

农技推广服务体系建设是一项复杂的系统工程，需要得到各方面的支持。各级财政部门要结合其支农职能，针对目前农技推广体系建设中存在的问题，未来财政部门应当采取更加切实可行的措施和手段，加大对农业技术推广的关注度。一是要明确支持对象和重点。财政支持农技推广的对象是指各级承担推广任务的国有事业单位。支持重点是这些单位为推广农业技术和农业科研成果进行的引进。二是要明确支持目标。财政支持农技推广的目标是要建立健全推广体系，稳定农技推广队伍，改善农技推广手段。同时，引导群众性农技推广组织的发展，实现国家农技推广机构与民间农技推广组织的有机结合。三是加强财政扶持力度。财政对农技推广的支持主要包括资金投入及其管理、政策引导两个方向。资金方面，除了要继续增加财政预算内农技推广经费的投入、增加用于农技推广单位开展有偿服务和兴办经济实体的支农周转金的投入外，还要积极发挥财政资金的导向作用，依靠社会各方面力量，开辟新的用于农技推广的资金来源。政策引导方面，要加紧与农业科研单位的联系，建立技术引进项目，并通过财政资金补贴，引导农民将新的项目投入生产。四是加强财政扶持资金的管理。目前，财政用于农技推广方面的资金管理制度还在逐步建立和完善之中，今后这项工作应当进一步加强。

5. 继续加大财政对于农民专业合作社融资渠道的支持

融资难是制约农民专业合作社发展的重要瓶颈。对于大多数农民专业合作社而言，既没有上市筹资的途径，自身资产又有限，风险因素相对较高，难以获得基本的资金贷款，使得资本性资金和债务性资金双双匮乏。对于拓宽农民专业合作社的资金来源的问题，单靠财政资金是十分有限的，还需要通过财政的扶持引导，调动各方面投资的积极性，加强社会融资，加大财政对于农民专业合作社的融资渠道的扶持力度。目前只有个别省市提出了对新型合作社进行信贷上的支持，但往往也是"言惠而实不至"，真正到位的很少。国家政策性金融机构和商业性金融机构应当采取多种形式，为农民专业合作社提供多渠道的资金支持和金融服务。

一是要充分发挥财政资金的导向作用，引导信贷资金、域外资金和其他一切可以利用的资金投向农民专业合作社。财政支农政策的导向职能主要是通过资金投向、资金使用重点和方式来实现的。这就要求我们不仅要支持国家专业技术部门的服务组织的发展，而且要引导和支持民间群众服务性组织的发展，使之相互补充，共同完善农民专业合作社体系建设。财政部门对农民专业合作社的引导，首先，要在这些组织的运转之初，给予适当的启动资金的扶持；其次，要在职能范围内，指导和帮助民间服务组织建立和健全财务管理制度和办法；再次，对民间组织的一些有利于农民增收、有利于促进当地经济发展的服务项目，给予支农周转资金的扶持；最后，引导民间服务组织走向市场，使之成为广大农民与市场联系的纽带和桥梁。财政部门在支持农民专业合作社体系建设中的政策引导的另一方面是要尽可能为农民专业合作社体系建设创造一个良好的外部环境。在社会主义市场经济条件下，农民专业合作社建设也需要加强调控，也需要政府的干预，财政的支农行为本来就是一种政府干预行为，具有较强的政策性。财政在这方面的政策导向重点是要加强对农业各类服务组织的协调，消除农民专业合作社体系建设中的组织障碍。

二是改善投资环境，充分发挥市场配置资源的基础作用。第一要简化贷款手续，积极为农民专业合作社创新发展提供资金支持。第二要拓展农业发展银行的业务范围，把对农民专业合作就组织的支持作为其主要业务之一。第三要鼓励商业银行为农民专业合作社提供优惠贷款，如提供农民专业合作社生产经营所需贷款，对农民专业合作社扩大经营规模、增加设施投资提供贷款等。第四要把财政有偿拨款改为委托合作金融机构贷款，向农民专业合作社倾斜。在农业综合开发中，农民到期不还有偿贷款，发生赖账现象的一个原因是农民认为这是政府的钱，不还也没有关系。而且从一个侧面来说，财政本身作为贷款主体也的确是不符合市场经济条件下商业行为要求的。农民筹资是一种商业行为，应该用商业方式解决。为此，应把财政有偿拨款改为委托合作制金融机构贷款，并向部分专业合作社倾斜。第五要通过财政贴息的方式引入部分资金，特别是多种经营项目，以降低投资人的经营风险。鼓励农民对农业综合开发投资投劳，引导农民专业合作社积极投入，加大对农民专业合作社财政贴息的扶持力度。

三是要充分发挥财政资金的导向作用和乘数作用，通过配套投入和贴息的有效方式吸引银行信贷资金、工商资金和外资投入，鼓励股份集资和行业内融资。

6. 逐步增加对农民专业合作社新技术创新的财政补贴和资助

农民专业合作社将是市场竞争的主体，竞争手段一般分为价格竞争和非价格竞争。如果市场需求富于弹性，那么价格竞争可能为农民专业合作社带来利润。但是从长远和整体农民收入增加来看，非价格竞争手段，如技术创新开发新产品，开拓国际市场，延伸产业链，可能会带来更丰厚的垄断利润。因此，财政部门应当支持农民专业合作社积极引进新品种和新技术，使富有科技含量的新品种和新技术得以迅速转化为生产力，逐步改善技术条件，完善服务功能；支持农民专业合作社在制定区域性生产技术规程、组织标准化生产等方面发挥积极作用；对农民专业合作社有一定基础的农产品加工、整理、储存、保鲜的经济实体，财政资金给予扶持，使其迅速扩大生产，带动千家万户，增强商品竞争力。因此，政府对于农民专业合作社的创新行为应该给予额外的优惠，比如技术财政贴息，技术研发基金，技术引进自己奖励等。此外，通过硬件和软件投入，帮助农民专业合作社的信息化建设，引导农民专业合作社进行团队合作，降低组织内生产交易费用以及帮助农民专业合作社完善内部管理机制等，都是政府支持农民专业合作社顺利发展的有效举措。

三、进一步加强对财政资金使用的监督检查

从发达国家合作社发展经验看，农民专业合作社尽管是民办、民管、民受益的农民自己的经济组织，但并不是说政府就可以撒手不管，对其放任自流。相反，政府适当的监督管理，是合作社走向规范、健康发展的有力保障。获得财政支持的农民专业合作社更要严格按照项目内容制订实施方案，经农民专业合作社全体成员讨论通过后组织实施，并将扶持资金使用情况向全体成员公开。应该要求农民专业合作社对财政扶持项目资金设立明细账，专款专用，并建立完整的项目管理档案。项目完成后，农民专业合作社负责人必须向全体成员或代表大会报告项目执行情况，并向当地的农工办提出验收申请，由农工办会同财政部门对项目进行验收。具体地说，政府对合作社的监督管理，应主要体现在以下3个方面。

1. 明确监督管理单位

强调政府对农民专业合作社的监督管理，必须明确监督管

理的具体单位和管理单位的具体责任，否则，就很容易形成"都管都不管"的局面，这不利于合作社的发展。目前，我国农民专业合作社正处在发展阶段，对其管理，国家还没有明确的规定，各地的做法也不尽相同。但比较普遍的做法是：在省一级由农业主管部门（农业厅），在县一级由农业委员会（农经委）负责对县域内的合作社和联合社进行监督管理。实践表明，由各级政府的农业主管部门和农业经营管理部门负责对农民专业合作社的监督管理，有利于指导合作社的经营，有利于协调合作社与产业化的发展，也有利于加强合作社的内部管理。

2. 界定监督管理内容

政府对农民专业合作社的监督管理，不能事无巨细，应抓住主要矛盾和关键环节。①制度管理监督。政府应指导和帮助各种不同类型合作社建立和完善各项管理制度，包括民主管理制度、资产管理制度、教育培训制度、劳动人事管理制度、工资和保险制度等等，引导农民专业合作社向规范化发展。②财务管理监督。政府通过对合作社的财务监督，重点掌握合作社的经营情况、分配情况、债权债务情况等，以此指导和完善合作社的经营。③民主管理监督。民主管理是合作社的一条重要基本原则，政府通过对合作社的民主管理监督，促使合作社按照合作社章程组织社员充分发挥自己的权利，参与民主管理。

3. 强化监督管理措施

对合作社的正常经营，政府应给予充分的经营自主权，而不应以管理监督的名义过多干涉。对合作社在经营中出现的问题，政府应依照法律和政策采取相应的措施，比如对经营不善的农民专业合作社责令其整顿、停业、解散等，使合作社在政府的监督管理下健康发展。强化政府对合作社的监督管理措施，还有一个重要的手段，就是政府要加强对合作社经营管理人员的业务培训，提高他们的业务素质、管理能力和经营水平。指导合作社定期对社员进行有关合作经济、民主管理、营销管理、技术技能、职业道德等方面的培训，提高社员素质。

四、不断规范对农民专业合作社的财政扶持机制

面对农民专业合作社分布广，技术、信息缺乏，缺少活动经费和财力匮乏的现状，财政扶持资金的投入不可能是"撒芝麻盐"，必须集中财力，发挥财政资金的乘数效应，讲求投入产出的绩效评价。同时，要建立健全扶持农民专业合

作社财政资金的管理体系，规范资金的管理模式。要不断探索有效的财政扶持机制，发挥财政资金的导向作用。尤其是对能够有效增加农民收入、有效增加财政收入的农民专业合作社，应给予倾斜性的扶持。一是要打破部门分割和地区分割资源配置。放宽对农民专业合作社生产经营范围的限制，切实取消各有关部门对农民专业合作社依法组建和开展活动不合理的限制，取消有歧视性质的商业监督规定。二是严格筛选，扶强扶优。要选择有发展潜力的支柱产业、带动作用大的农民专业合作社，实行重点扶持，使其做大做强。三是科学立项，搞好评估。要建立财政投资档案，做好财政资金投入项目的先期考察、论证、评估和后期的跟踪工作。四是管好用活财政资金。对于能够带动当地农民致富的各种农民专业合作社，要采取优惠政策、财政贴息、贷款担保等方式给予扶持；对于有利于农业科技示范和技术推广的农民专业合作社，要采取省、市、县三级财政配套或国家、集体、个人配套出资的办法进行扶持。五是提高财政投入的透明度。在财政扶持资金的分配过程中，要按照建立公共财政的基本框架和实施"阳光财政"的要求，对专项资金的具体用途、使用范围、扶持重点、补助环节、分配办法、运作程序和监督管理等，都要做出明确的规定。

第四节

财税政策支持新型农民专业合作社的配套措施建设

一、健全和规范农民专业合作社的财务会计制度

对农民专业合作社的财税监管和优惠政策实施，尤其对于营利性农民专业合作社，十分需要其规范的会计制度的配合。农民专业合作社是一个经营自主、盈亏自负的经济核算主体，实行独立的财务管理和会计核算。因此，只有建立与农民专业合作社活动方式相适应的会计制度和财务制度，农民专业合作社的核算才能够做到准确、真实、可靠和完整，才能为农民专业合作社的税收征管奠定一个良好的基础。所以，应参照《民间非企业单位会计制度》，制定《农民专业合作社财务制度》和《农民专业合作社会计制度》，建立起规范的财务会计制度。无论是对其资金来源（包括成员股金，每个财务年度从盈余中提取的公积金、公益金、风险金，未分配收益，金融机构贷款，国家扶持补助资金，社会捐赠款和其他资金等），还是对其各项费用开支（包括日常办公费用，生产经营事业所发生的

经营性支出，科研、咨询、培训、技术推广和服务以及质量认证、产地认证、商标注册和宣传教育等支出，理事、监事的误工补助，以及经营管理负责人、财务会计人员和其他工作人员的工资薪金与福利费用，成员的文化、福利事业支出和特别困难成员的补助，成员和职工的物质奖励和其他符合财务制度规定的支出），都要按照有关财务会计制度进行核算，从而为财税监管和优惠政策的落实奠定良好的基础。

二、为农民专业合作社提供及时充分的信息服务

在现代市场竞争环境下，信息发挥了不可替代的作用，对于农民专业合作社亦是如此，信息化建设可以提高农民专业合作社的管理效率，缩短其交流时间，提高决策效率，提高经济效益。不夸张地说，相关信息的准确和及时与否，有时甚至会关系到合作社的发展和存亡。因此，政府部门应当发挥充分农业局、畜牧局等农业管理服务部门的作用，将科学技术通过合作社来推广和普及，提高农民的技术水平，提高农业的科技含量。政府拥有统计局等信息采集分析部门，应该及时准确地向合作社提供相关信息。此外，政府还可以在信息化建设的资金中拨出一部分帮助农民专业合作社的信息化建设，通过硬件和软件投入，帮助农民专业合作社自身的信息化建设。在国际竞

争已经把信息设备运用到日常经营中的背景下，我国目前普遍存在的农村技术水平偏低，收入较少，购买信息硬件设备和软件的能力差的现状，无疑会成为新型农民专业合作社发展的桎梏。因此政府部门需要在信息化建设的资金中拨出一部分帮助农民专业合作社的信息化建设，帮助其提高管理效率和决策水平。

三、推动农民专业合作社文化环境的发展

不利的文化环境是当前我国农民专业合作社广泛、健康发展的巨大障碍。首先，农村，特别是中西部广大农村基础教育薄弱，农民普遍文化素质低，缺乏自助能力；其次，小农意识根深蒂固。小农意识以个人主义、自私自利，缺乏合作精神；绝对平均主义；迷信宗教鬼神；自由散漫；保守、封闭等为特征，这些特征与以自助、民主、平等、公平和团结的信念，诚实、公开、社会责任和关心他人的道德价值观为主要内容的合作文化格格不入；最后，20 世纪 50 年代的人民公社化运动，留给广大农民太多的痛苦记忆，并扭曲了他们对合作制度的认识，绝大部分农民、许多政府官员不了解合作思想、合作方法或了解很少，更不懂得当前我国发展农业合作社的必要性和重大意义。上述诸方面交织在一起，严重地制约着当前我国农民

专业合作社广泛、健康发展。

因而，推动和促进我国农民专业合作社广泛、健康发展，除了要给予其有力的财税支持之外，还必须大力发展基础教育、成人教育，大幅度提高农民的科学、文化素质，提升其自助能力，用现代市场经济的思想、观念来武装他们的头脑，逐渐消除其头脑中的小农意识；重视合作经济的理论研究，广泛开展合作教育培训，充分发挥政府以及各种非政府组织在这方面的作用，使合作经济的知识、价值在广大农民、政府官员中广泛传播，并深入人心，逐渐消除村民的"恐合"心里，帮助他们理解当前我国发展农民专业合作社的必要性和重大意义；循序渐进地发展农民专业合作社，在发展过程中培养社员、管理人员、职工的合作习惯和管理能力。

四、更加重视对农民专业合作社开展教育与培训的工作

新制度经济学认为，制度变迁的速度是学习的函数，制度变迁取决于主体现有的知识存量。从美国和日本农民合作组织的发展来看，农民的认同应当是组织发展的基础，农民的认知能力和合作能力直接影响到组织的运营及创新能力。随着社会主义市场经济体制的建立和完善，农民必须成为自主决策、自

求发展、自我经营、自担风险的市场主体。而我国农民受教育资源不均衡等因素的影响，受教育程度普遍较低，农民知识存量不足，已成为农民乃至农村社会发展的现实障碍。

政府扶持合作社的核心是为合作社提供各种服务。政府为农民专业合作社提供服务的核心是提升合作社的市场竞争力，因此它贯穿合作社始终，并且是全方位的：从提高对合作社原则的认识、增强社员的合作意识，到改善合作社的财务管理、市场营销，再到提升合作社人力资源价值、缓解资金供给不足，以及制定合作社发展的战略等。因此，政府从提供公共物品的角度出发，必须加快本地农村职业教育事业的发展，建立培养高水平合作社管理人才的专业和学校，以提高农村劳动力的文化素质、技术素质和商品意识、市场意识及经营管理水平，引导他们向现代新农民转变，为农民专业合作社的建立和发展搭建人才平台。

未来首先应当通过宣传教育让农民认识到农民专业合作社既不是原有集体经济的复归，也不是对家庭承包责任制的否定，而是提高农民在市场中的谈判地位、维护农民利益的代表。通过深入细致的合作教育工作，唤起农民的合作意识，培养农民专业合作社的群众基础。让基层干部、农民群众了解什么是合作经济、合作社应该怎样办、社员在合作社中应当做些什么、有什么权力、有什么义务，要让他们了解世界上先进的合作社的实践经验。通过典型示范，以点带面，提高农民的思想认识和合作意识，使他们真正感受和体会到合作制度给家庭经营带来的益处，调动农民参与和创办合作社的积极性。

其次，应当进一步明确中央、省、市、县在农民专业合作社管理人才培养中的责任。一要将对农民专业合作社成员的教育与培训纳入职业技术教育规划与成人教育之中，以农村基层干部、农民党员、现有农民专业合作社的负责人和积极分子为重点，举办各种专门针对合作社成员的短期、定期培训班，宣讲国家有关的政策法规、合作社的原则、价值、运行机制和实际操作方法、企业经营管理和市场经济的基本知识、农业技术和现代信息技术等，提高他们的自我组织、经营和管理的能力。二要加强基础研究和教育。由于我国农民合作经济理论研究严重滞后，当前我们亟须结合中国的现实，加强农民专业合作社的基础理论研究，构建有具有中国特色的农民合作经济理论体系。三要注重发挥党员的模范带头作用，培养基层农民专业合作社的领袖，提倡在农民专业合作社中发展党员，鼓励农民党员办合作社。四要运用参与性项目手段去推广有关合作组织的知识，帮助和指导农民专业合作社制定发展规划、壮大组织规模。

再次，不断加大对农民专业合作社管理人才培训的财政补贴力度，为培训工作有效开展提供经费保障。

最后，探索建立农民专业合作社吸引、留住人才的机制，鼓励毕业大学生、龙头企业人才、返乡创业农民领办、兴办农民专业合作社。

五、为农民专业合作社提供保险支持

农民专业合作社在组织农民参与农业保险过程中面临诸多困难，如何将农业保险政策用于支持农民专业合作社，以确保合作社能够获得稳定的收益，显得越来越重要。因此，可以从以下几个方面入手，为农民专业合作社提供保险支持。

一是建立农民专业合作社和保险机构的有效合作机制，明确各自权责范围，让代理农业保险业务的专业合作社能够从保险机构获得一部分保险业务费补贴。

二是鼓励在一些具备条件的合作社内部建立互助保险体系，为成员在避免和减轻灾害损失等方面提供互助服务。

三是加大对投保社员的保费补贴力度，在积极争取各级财政补贴的基础上，鼓励农民专业合作社和农业产业化龙头企业为投保社员提供一部分保费补贴。四是要充分发挥农民专业合作社在查勘定损、防灾减灾方面的作用，通过明确政策和立法等方式，确保出险以后社员能够得到及时、足额的赔付。

总之，新型农民专业合作社的发展壮大，离不开一个良好的外部环境，除了构建政府支持农民专业合作社发展的社会服务体系，充沛的资金、先进的技术、优惠的政策等等都是构成这个环境的不可或缺的条件，而政府应当是创建这个环境的最主要的力量。政府可以结合当地实际，对具有地方特色的农民专业合作社优先予以扶持，通过开展交流会、举办文化节等多种形式进行招商引资，促进东、中、西部地区农民专业合作社的交流与合作，扩大其影响力。其中一部分资金可用于农民专业合作社的再发展，另一部分资金可用于相关的科学技术研究，解决生产加工过程中所遇到的难题，不断地提高特色农产品的品质和质量，增加其附加值。这样就可以通过一部分农民专业合作社的优先发展而带动整个地区的经济发展，从而惠及更多的农民专业合作社，进入一个良好的经济循环圈。

参 考 文 献

[1] Emelianoff, I. V. Economic Theory of Cooperation. Economic Structure of Cooperative Organizations. Davis, CA: Center for cooperatives, University of California (reprint), 1942.

[2] Staatz J. Farmer Cooperation Theory: Recent Developments. ACS Research Report (No. 84), 1989.

[3] Cook, M. L. , F. R. chaddad and C. Iliopoulos. Advances in Cooperative Theory since 1990: A Review of Agricultural Economics Literature. In G. W. J. Hendrikse (eds.), Restructing Agricultural Cooperatives, Amsterdam, 2004: 65 – 69.

[4] Alback, S. , C. Schultz. On the Relative Advantage of Cooperatives, Economic Letters, 1998 (59): 397 – 401.

[5] Karantinin K, Zago A. Cooperatives and Membership Commitment: Endogenous Membership in Mixed Duopsonies. American Journal of Agricultural Economics, 2001, 83 (5): 1266 –

1272.

[6] Bijman J. Hendrikse G. Cooperatives in Chains: Institutional Restructuring in the Dutch Fruit and Vegetables. Journal on Chains and Network Science, 2003: 95 – 107.

[7] Barton, D. Principles. In D. Cobe (Ed.). Cooperatives in agriculture. Englewood Cliffs, NJ: Pretice – Hall, 2004.

[8] AchimFock, Tim Zachernuk. China – Farmers Specialty Associations Review and Policy Recommendations, East Asia and Pacific Region, The World Bank, 2007.

[9] Samson O. Gunga. The cooperative movement in Kenya and its potential for enhancement of ICT livelihoods, 2008.

[10] Armando Costa Pinto. Agricultural Cooperatives and Farmers Organizations —role in rural development and poverty reduction, 2009.

[11] Shi Zheng, Zhigang Wang, Titus O. Awokuse. Determinants of Producers' Participation in Agricultural Cooperatives: Evidence from Northern China. Applied Economic Perspectives and Policy, 2012: 167 – 186.

[12] Degnet Abebaw, Mekbib G. Haile. The impact of cooperatives on agricultural technology adoption: Empirical evidence from Ethiopia. Food Policy, 2013: 82 – 91.

[13] Wanglin Ma, Awudu Abdulai. Does cooperative membership improve household welfare? Evidence from apple farmers in China. Food Policy, 2016.

[14] 青木昌彦. 青木昌彦スタンフォード大学教授 基調報告「日本経済の再生のために」--1998年度全国経済同友会代表幹事円卓会議にて [J]. 経済同友, 1999: 26-30.

[15] Vilmar Rodrigues Moreira. Portfolio de produção agropecuária e gestão de riscos de mercado nas cooperativas do agronegócio paranaense. Revista de Administração, 2011.

[16] 黄祖辉. 农民合作: 必然性、变革态势与启示 [J]. 中国农村经济. 2000 (8).

[17] 张晓山. 提高农民组织化程度 积极推进农业产业化经营 [J]. 农村经营者管理, 2003 (2).

[18] 赵慧峰. 中国农民专业合作经济组织发育规律及其运行机制研究 [D]. 保定: 河北农业大学, 2007.

[19] 鲁明瑜. 农民专业合作经济组织发展的政府支持研究 [D]. 咸阳: 西北农林科技大学, 2008.

[20] 万秀丽. 农民专业合作经济组织: 中国特色农业现代化的现实选择 [J]. 西北师大学报, 2010 (6).

[21] 夏英, 牛若峰. 中国乡镇企业: 长期发展的问题和选择 [J]. 农业经济问题, 2000 (6).

[22] 孙文军，秦峰奎. 山东省农民专业合作经济组织发展情况调查 [J]. 山东农村（农村经济），2002（10）.

[23] 王军锋. 新农村建设与农民合作经济组织研究——甘肃农民专业合作经济组织发展的调研报告 [J]. 开发研究，2006（2）.

[24] 赵婉妤. 农民专业合作经济组织作用及发展对策 [J]. 经济纵横，2007（6）.

[25] 孙亚范. 农民专业合作经济组织利益机制及影响因素分析——基于江苏省的实证研究 [J]. 农业经济问题，2008（9）.

[26] 王阳. 中国农民专业合作经济组织发展研究 [D]. 成都：西南财经大学，2009.

[27] 苏昕等. 中国农民专业合作经济组织研究述评 [J]. 经济学动态，2012（3）.

[28] 黄祖辉. 国外农业行业协会的发展、组织制度及其启示 [J]. 农业经济问题，2002（10）.

[29] 郭红东，蒋文华. 影响农户参与专业合作经济组织行为的因素分析——基于对浙江省农户的实证研究 [J]. 中国农村经济，2004（5）.

[30] 石敏俊，金少胜. 中国农民需要合作组织吗？——沿海地区农户参加农民合作组织意向研究 [J]. 浙江大学学报

（人文社会科学版），2004（3）.

[31] 孙浩杰. 农民专业合作经济组织生成与运行机制研究 [D]. 咸阳：西北农林科技大学，2008.

[32] 黄季焜. 中国农民专业合作经济组织的服务功能及其影响因素 [J]. 管理世界，2010（5）.

[33] 徐志刚等. 社会信任：组织产生、存续和发展的必要条件？——来自中国农民专业合作经济组织发展的经验 [J]. 中国软科学，2011（1）.

[34] 李剑. 农民专业合作经济组织生存发展分析 [J]. 农业技术经济，2013（12）.

[35] 张晓山. 合作社的基本原则及有关的几个问题 [J]. 农村合作经济经营管理，1998（2）.

[36] 张晓山. 合作社的基本原则与中国农村的实践 [J]. 农村合作经济经营管理，1999（6）.

[37] 林坚，王宁. 公平与效率：合作社组织的思想宗旨及其制度安排 [J]. 农业经济问题，2002（9）.

[38] 应瑞瑶. 论农村合作社的演进趋势与现代合作社的制度内核 [J]. 南京社会科学，2004（1）.

[39] 王玉华. 山东省农民专业合作经济组织发展现状、存在的问题及建议 [D]. 济南：山东大学，2006.

[40] 葛文光. 河北省农民专业合作经济组织发展研究

[D]．咸阳：西北农林科技大学，2008．

[41] 樊红敏．新型农民专业合作经济组织内卷化及其制度逻辑——基于对河南省 A 县和 B 市的调查 [J]．中国农村观察，2011（6）．

[42] 马衍伟．支持农民专业合作社发展的税收政策选择 [J]．兰州商学院学报，2007（1）．

[43] 吕旺实等．支持新型农民专业合作社的财税政策研究 [J]．经济研究参考，2008（7）．

[44] 罗鸣令，陈玉琢．扶持农民专业合作社发展的财税政策研究 [J]．经济与管理，2009（2）．

[45] 赵凯．中国农业经济合作组织发展研究 [M]．北京：中国农业出版社，2004：24．

[46] 赵凯．中国农业经济合作组织发展研究 [M]．北京：中国农业出版社，2004：25．

[47] 孙亚范．新型农民专业合作社发展研究 [M]．北京：社会科学文献出版社，2006：24．

[48] International Co-operative Alliance. Statement on the Co-operative Identity，1995．

[49] 张元宗，李轩，韩疆，谢璐遥，梁雪冰．如何推动农民专业合作社健康发展 [J]．中国合作经济，2004（12）．

[50] 经庭如，储德银．发挥政府职能 支持农村合作社发

展 [N]. 中华合作时报, 2008 - 8 - 19 (01).

[51] 徐旭初. 中国农民专业合作社的制度分析 [M]. 北京: 中国经济科学出版社, 2005: 121.

[52] 应瑞瑶. 合作社的异化与异化的合作社——兼论中国农业合作社的定位 [J]. 江海学刊, 2002 (6).

[53] 程同顺. 中国农民组织化研究初探 [M]. 天津: 天津人民出版社, 2003: 64 - 66.

[54] 列宁. 列宁选集 (第四卷) [M]. 北京: 人民出版社, 1960: 683 - 684.

[55] 吴敬. 略论农业的弱质性 [J]. 农村经济, 2004 (11).

[56] 曹邦英, 徐文明. 基于优势农业集群、循环经济的新农村建设路径研究 [J]. 社会科学研究, 2006 (04).

[57] 应若平. 农民专业合作社的生发机制 [M]. 北京: 中国农业出版社, 2006: 58 - 62.

[58] 何传新. 国外农民合作经济组织发展的启示 [J]. 中国农村科技, 2011 (11).

[59] 农业部赴日本农协考察团. 日本农协对我国农民专业合作组织发展的启示 [J]. 农村经营管理, 2008 (7).

[60] 汪磊, 胡志红. 促进农民专业合作社发展的财税政策之国际比较及借鉴 [J] 铜陵学院学报, 2007 (6).

[61] 刘强，陈立强，等．日本农业发展的主要经验及其对我国的启示［J］．安康师专学报，2006（3）.

[62] 唐芳．日本农业现代化的经验及启示［J］．信阳农业高等专科学校学报，2010（1）.

[63] 于超．中国农民专业合作社发展的财税政策研究［D］．济南：山东大学，2009.

[64] 董岩．农村基层供销社生存与发展的问题研究——以莒南县供销合作社为例［D］．泰安：山东农业大学，2010.

[65] 陈鹏举．促进我国农民专业合作社发展的财税政策研究［D］．厦门：集美大学，2012.

[66] 李剑．江西农民专业合作经济组织的生成与发展机制研究［D］．南昌：南昌大学，2012.

[67] 刘廷限．促进我国现代农业发展的财税政策研究［D］．大连：东北财经大学，2012.

[68] 康宁．农民专业合作社发展中的地方政府行为研究——以扬州市为例［D］．扬州：扬州大学，2013.

[69] 兰丽．农民专业合作社发展的政府支持研究——以兰州市为例［D］．兰州：兰州大学，2013.

注：参考文献［63］之后并非直接引用。

[70] 涂琼理. 农民专业合作社的政策扶持研究——基于政策需求与政策供给的分析框架 [D]. 武汉：华中农业大学，2013.

[71] 阚凯. 扶持家庭农场的财税政策研究 [D]. 长春：吉林财经大学，2014.

[72] 张世敬. 新型农村合作经济发展与财政支持研究 [D]. 成都：西南财经大学，2014.

[73] 韩玲慧，李欣，王桂娟. 农民专业合作社的财税支持政策 [J]. 中国财政，2007 (10)：66 – 67.

[74] 马衍伟，MAYan – wei. 支持农民专业合作社发展的税收政策选择 [J]. 兰州商学院学报，2007，23 (1)：25 – 33.

[75] 财政部财政科学研究所外国财政研究室. 支持新型农民专业合作社的财税政策研究 [J]. 经济研究参考，2008 (7)：36 – 56.

[76] 胡卓红. 借鉴国外经验政府支持农民专业合作社发展之策 [J]. 现代财经——天津财经大学学报，2009 (7)：75 – 80.

[77] 邵延学，周丽俭. 浅谈黑龙江省农民专业合作社发展的财税政策支持 [J]. 哈尔滨商业大学学报 (社会科学版)，2009 (5)：61 – 63.

[78] 车文军. 新时期农民专业合作社发展面临的问题及对策 [J]. 对外经贸，2010 (4)：91 – 92.

［79］经庭如，崔志坤．促进农民专业合作社发展的财税制度创新［J］．经济研究参考，2010（20）：39－43．

［80］李冬梅．促进新型农民专业合作社发展的财税政策研究［J］．石家庄经济学院学报，2011，34（2）：13－17．

［81］路春城，许可．国外支持农村专业合作经济组织发展的财政政策经验及启示［J］．经济纵横，2012（9）：106－109．

［82］佚名．财税政策发力支持农民合作社发展——财政部就支持农民合作组织发展有关问题答记者问［J］．中国合作经济，2013（3）：28－29．

［83］胡志江．促进农民专业合作社发展的财税政策分析［J］．赤峰学院学报：自然科学版，2015（13）：108－110．